Weiterführend empfehlen wir:

**SGB II – Grundsicherung
für Arbeitsuchende**
ISBN 978-3-8029-7481-6

**SGB III – Das neue
Arbeitsförderungsrecht**
ISBN 978-3-8029-7475-5

SGB XII – Die neue Sozialhilfe
ISBN 978-3-8029-7482-3

**Ansprüche bei Erwerbslosig-
keit voll ausschöpfen**
ISBN 978-3-8029-7483-0

**Geschäftsbriefe geschickt
formulieren**
ISBN 978-3-8029-3378-3

Wir freuen uns über Ihr Interesse an diesem Buch. Gerne stellen wir Ihnen
zusätzliche Informationen zu diesem Programmsegment zur Verfügung.

Bitte sprechen Sie uns an:

**E-Mail: WALHALLA@WALHALLA.de
www.WALHALLA.de**

Walhalla Fachverlag · Haus an der Eisernen Brücke · 93042 Regensburg
Telefon 09 41/56 84-0 · Telefax 09 41/56 84-1 11

Jörg Wilde

Verbraucher-insolvenz:

Erfolgreiche Schuldbefreiung

Musterbriefe – Fallstricke – Praxishilfen

5., aktualisierte Auflage

WALHALLA Rechtshilfen

WALHALLA
FACHVERLAG

Bibliografische Information der Deutschen Nationalbibliothek
Die Deutsche Nationalbibliothek verzeichnet diese Publikation in der Deutschen
Nationalbibliographie; detaillierte bibliographische Daten sind im Internet über
http://dnb.d-nb.de abrufbar.

Zitiervorschlag:
Jörg Wilde, Verbraucherinsolvenz: Erfolgreiche Schuldbefreiung
Walhalla Fachverlag, Regensburg 2010

Hinweis: Unsere Werke sind stets bemüht, Sie nach bestem Wissen zu informieren.
Die vorliegende Ausgabe beruht auf dem Stand von Juni 2010. Verbindliche
Auskünfte holen Sie gegebenenfalls beim Rechtsanwalt ein.

5., aktualisierte Auflage

© Walhalla u. Praetoria Verlag GmbH & Co. KG, Regensburg
Alle Rechte, insbesondere das Recht der Vervielfältigung und Verbreitung
sowie der Übersetzung, vorbehalten. Kein Teil des Werkes darf in irgendeiner Form
(durch Fotokopie, Datenübertragung oder ein anderes Verfahren) ohne schriftliche
Genehmigung des Verlages reproduziert oder unter Verwendung elektronischer
Systeme gespeichert, verarbeitet, vervielfältigt oder verbreitet werden.
Produktion: Walhalla Fachverlag, 93042 Regensburg
Umschlaggestaltung: Gruber + König, Augsburg
Druck und Bindung: Westermann Druck Zwickau GmbH
Printed in Germany
ISBN 978-3-8029-3757-6

Schnellübersicht

Ausweg aus dem Schuldenkreislauf

Deutschland vermeldet leider starke Anstiege bei der Anzahl der verschuldeten und vor allem der überschuldeten Haushalte. Eine Ursache liegt in der großen Zahl der Unternehmensinsolvenzen, im Zuge derer viele Arbeitnehmer ihre Anstellung verlieren und so wiederum die eigenen Schulden nicht mehr abtragen können. Aber dies allein wäre als Erklärung zu einfach. Schlimmer sind wohl die vielen Verlockungen, die uns der Konsum bietet, auf Kredit Leistungen zu empfangen. Hier kann man sehr schnell den Überblick verlieren und in einen Schuldenkreislauf geraten, aus dem es auf normalem Wege kein Entkommen mehr gibt.

Die Regelungen zur Verbraucherinsolvenz sollen diesen Haushalten helfen, einen neuen schuldenfreien Anfang zu finden. Dabei werden Gläubiger unter bestimmten Voraussetzungen dazu gebracht, entweder freiwillig oder per Beschluss des Amtsgerichts auf einen Teil ihrer Forderungen gegenüber dem Schuldner für immer zu verzichten.

Nun gibt es diese Regelungen bereits seit 1999. Entsprechend haben einige Erfahrungen mit der Insolvenzordnung (InsO) schon zu Änderungen der Regeln geführt. Seit Mitte 2005 werden weitere Änderungen für das Verfahren diskutiert. Diese Diskussion wurde zwar schon in Entwürfen niedergelegt, jedoch kamen sie noch nicht zur Verwirklichung. Man sollte jetzt handeln und nicht auf geplante Änderungen warten. Bis es möglicherweise neue Regelungen gibt, wird noch viel Zeit vergehen. Dazu kommt, dass die Änderungen einem persönlich gar nichts nutzen könnten.

Also, wer mit seinem eigenen Verbraucherinsolvenzverfahren auf die Änderungen warten möchte, verliert nur Zeit auf dem Weg in eine schuldenfreie Zukunft. Seit dem Jahr 1999 haben über 600 000 Verbraucher die Durchführung des Verfahrens beantragt.

Jörg Wilde

Wichtiges vorab

II

Wer die Verbraucherinsolvenz nutzen kann

Mit dem Verbraucherinsolvenzverfahren hat der Gesetzgeber eine Regelung geschaffen, die dafür Sorge tragen soll, dass überschuldete Haushalte in der Bundesrepublik eine zweite Chance, in Form einer schuldenfreien Zukunft, erhalten können. Ziel des Verfahrens ist, dass sich Schuldner und Gläubiger zusammenfinden und eine sinnvolle Lösung erarbeiten. Der Lösungszeitraum ist durch den Gesetzgeber auf maximal sechs Jahre begrenzt (sog. Wohlverhaltensphase). Ist die Wohlverhaltensphase abgelaufen, soll der Schuldner, sofern er sich an alle Forderungen gehalten hat, eine Restschuldbefreiung erhalten. Das heißt, dass alle an diesem Verfahren teilnehmenden Gläubiger auf einen nicht unerheblichen Teil ihrer Forderungen verzichten müssen.

Nun kann man berechtigt sagen, dass doch keiner freiwillig auf seine Ansprüche verzichten wird. Schließlich geht es ja um Geld. Allerdings zwingt der Gesetzgeber spätestens im gerichtlichen Verfahren zum Verzicht. Ausnahmen von diesem „Zwang" sind nur gegeben, wenn einer der Gläubiger nachweisen kann, dass der Verzicht nicht rechtmäßig wäre.

Wer kann aber nun von dem Verfahren profitieren?

Von den Regelungen zur Verbraucherinsolvenz können alle natürlichen Personen profitieren. Gemeint sind hier beispielsweise folgende Personen:

- Arbeitnehmer
- Arbeitslose
- Alleinerziehende
- Ledige
- Verheiratete
- ehemalige Unternehmer

Seit der Einführung der Insolvenzordnung (InsO) im Jahre 1999 konnten unterschiedliche Personenkreise das Verbraucherinsolvenzverfahren in Anspruch nehmen. Mit der Änderung der InsO zum 1.12.2001 hat der Gesetzgeber den betroffenen Personenkreis neu bestimmt. Das Verbraucherinsolvenzverfahren wird demnach nur noch für natürliche Personen durchgeführt, die keine selbständige Tätigkeit ausüben. Damit ist der Personenkreis klar bestimmt und frühere Abgrenzungsprobleme entfallen. Hat jemand also noch einen laufenden Gewerbebetrieb oder ist er sonst selbständig tätig, muss dieser das Regelverfahren durchführen.

Beispiel:

Unternehmen besteht noch

Frank Meier hat ein Uhrengeschäft. Seit einiger Zeit gehen die Geschäfte nicht mehr so gut, sodass Herr Meier beschließt, ein Insolvenzverfahren einzuleiten. Im Zeitpunkt der Antragstellung hat Herr Meier keine Arbeitnehmer und vier Gläubiger.

Herr Meier kann nur das Regelinsolvenzverfahren in Anspruch nehmen, da seine selbständige Tätigkeit noch nicht beendet ist.

Ehemaligen Unternehmern ist der Weg in das Verbraucherinsolvenzverfahren nur geöffnet, wenn die Vermögensverhältnisse überschaubar sind. Als überschaubar gilt das Vermögen, wenn im Zeitpunkt des Antrags auf Eröffnung des Insolvenzverfahrens weniger als 20 Gläubiger befriedigt werden müssen. Des Weiteren darf es sich bei den Schulden nicht um Forderungen gegen ihn aus Arbeitsverhältnissen handeln.

Beispiel:

Unternehmen besteht nicht mehr, Löhne wurden nicht gezahlt

Peter Müller hatte eine Konditorei, die er aufgrund von Zahlungsschwierigkeiten im Jahre 2005 schließen musste. In der Konditorei beschäftigte er damalig vier Arbeitnehmer, denen er heute noch Löhne schuldet. Aus seinen Geschäftsverbindungen haben noch zehn Gläubiger Forderungen gegen Herrn Müller.

Obwohl der Gewerbebetrieb nicht mehr besteht, kann das Verbraucherinsolvenzverfahren nicht in Anspruch genommen werden. Grund sind die Forderungen der vier Arbeitnehmer.

Der Terminus „Verbindlichkeiten aus Arbeitsverhältnissen" ist weit zu fassen. Zu den Verbindlichkeiten gehören nach der Gesetzesbegründung folgende Ansprüche:

- Forderungen des Arbeitnehmers

- Forderungen des Finanzamts aus nicht abgeführten Lohnsteuern der Arbeitnehmer durch den Arbeitgeber

II

- Sozialversicherungsbeiträge (z. B. Forderungen der Bundesagentur für Arbeit nach § 187 SGB III)

Erfüllt der ehemalige Unternehmer die oben genannten Voraussetzungen nicht, bleibt ihm nur die Durchführung eines Regelinsolvenzverfahrens.

So funktioniert das Verbraucherinsolvenzverfahren

Fünf unterschiedliche Stufen bauen grundsätzlich aufeinander auf. Das heißt, dass die nächste Stufe nur dann erreicht werden kann, wenn die vorherige Stufe zu keinem für den Schuldner positiven Ergebnis geführt hat. Es gibt aber auch Ausnahmen zu diesem starren System. So kann das Gericht auf einen außergerichtlichen Einigungsversuch verzichten, wenn der Schuldner überzeugend darstellt, dass der Schuldenbereinigungsplan voraussichtlich nicht angenommen wird (siehe Seiten 42, 82).

Abgesehen von dieser Ausnahme beginnt das Verbraucherinsolvenzverfahren zwingend mit einem außergerichtlichen Einigungsversuch. Aus Kostengründen, Gründen der Verwaltungsvereinfachung und Gerichtsentlastung verlangt der Gesetzgeber, dass der Schuldner zunächst versucht, sich mit den Gläubigern gütlich zu einigen – also die Gerichte nicht zu beteiligen.

Gelingt dieser außergerichtliche Einigungsversuch nicht oder ist er ohne Aussicht auf Erfolg, kann der Schuldner nun die Eröffnung des vereinfachten Insolvenzverfahrens beantragen.

Liegt ein vollständiger Antrag vor, wird das Verfahren mit einem gerichtlichen Einigungsversuch fortgesetzt. Hier wird nochmals von Seiten des Gerichts versucht, die Einigung mit den Gläubigern zu schaffen. Scheitert dieser Versuch auch, leitet das Gericht in das vereinfachte Insolvenzverfahren über. Hier kommt es unter Einsatz eines Treuhänders zu einem vom Gericht überwachten Planverfahren.

Nachdem die Vermögenswerte veräußert, die Abtretungen erstellt und die Forderungen festgestellt worden sind, beginnt die nächste Stufe. Hierbei handelt es sich um die sogenannte Wohlverhaltensphase.

Die Wohlverhaltensphase dauert sechs Jahre an. Sie beginnt zugunsten des Schuldners bereits mit der Eröffnung des Insolvenzverfahrens. Während dieser Phase muss sich der Schuldner bemühen, seine Obliegenheitspflichten (siehe Seite 35) zu erfüllen. Erfüllt er sie, so kann er die letzte Stufe erreichen – die Restschuldbefreiung.

Über die Restschuldbefreiung wird grundsätzlich nach Ablauf der Wohlverhaltensphase entschieden. Schließlich kann man erst nach dieser Stufe feststellen, ob sich der Schuldner an alle Verpflichtungen und Auflagen gehalten hat. Liegen alle Befreiungsvoraussetzungen vor, wird der Schuldner von den Resten der Verbindlichkeiten befreit, die an dem Verfahren teilgenommen haben.

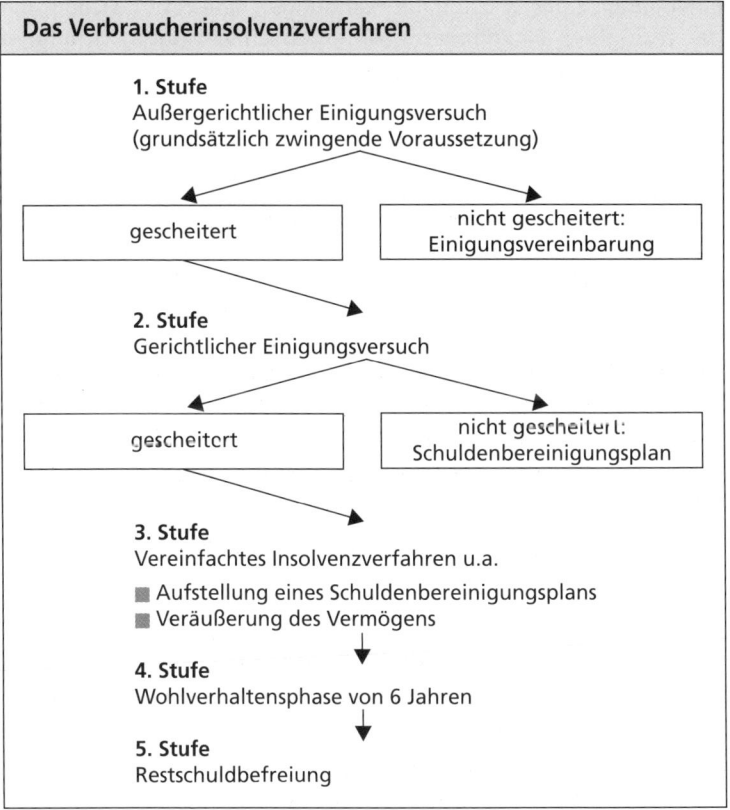

Das Verbraucherinsolvenzverfahren

1. Stufe
Außergerichtlicher Einigungsversuch
(grundsätzlich zwingende Voraussetzung)

gescheitert	nicht gescheitert: Einigungsvereinbarung

2. Stufe
Gerichtlicher Einigungsversuch

gescheitert	nicht gescheitert: Schuldenbereinigungsplan

3. Stufe
Vereinfachtes Insolvenzverfahren u.a.

■ Aufstellung eines Schuldenbereinigungsplans
■ Veräußerung des Vermögens

4. Stufe
Wohlverhaltensphase von 6 Jahren

5. Stufe
Restschuldbefreiung

Stundung der Verfahrenskosten

Allgemeines

II

Aus den bisherigen Erfahrungen mit der Verbraucherinsolvenzregelung hat der Gesetzgeber festgestellt, dass die Fallzahlen seit der Einführung zum 1.1.1999 weit hinter den Erwartungen und Prognosen zurückgeblieben sind. Mitverantwortlich dafür, dass die Erwartungen sich nicht erfüllt haben, sind die Verfahrenskosten. Das Problem ist hier schnell ausgemacht. Den bereits überschuldeten Haushalten können bei der meist geringen Kapitaldecke bzw. Einkommenssituation Verfahrenskosten von 1 500 Euro und mehr nicht in einer Summe abverlangt werden. Dazu kommt noch, dass die Einkommen zumeist schon mit Pfändungen belastet sind und somit das verfügbare Einkommen noch erheblich verringern. Schuldner haben in der Regel eben keine Sparbücher mit hohen Rücklagen.

Voraussetzungen

Der Gesetzgeber hat mit seiner Änderung der Insolvenzordnung zum 1.12.2001 das Problem zu lösen versucht. Dem bedürftigen Schuldner soll im Wege einer Stundung der Verfahrenskosten die Durchführung des gerichtlichen Teils des Verbraucherinsolvenzverfahrens ermöglicht werden. Der Begriff Stundung deutet darauf hin, dass die Verfahrenskosten nicht erlassen, sondern zu einem späteren Zeitpunkt beglichen werden müssen. Wann die Rückzahlung zu erfolgen hat, hängt dabei im Wesentlichen vom Einkommen ab. Aber zunächst zu den Stundungsvoraussetzungen.

Um in den Genuss einer Stundung kommen zu können, müssen folgende Voraussetzungen vorliegen:

- Der Stundungsbedürftige muss eine natürliche Person sein (siehe Seite 10).

- Es muss ein Antrag auf Restschuldbefreiung vorliegen.

- Es muss ein Antrag auf Stundung vorliegen.

- Es dürfen keine Versagungsgründe nach § 290 Abs. 1 Nr. 1 und 3 InsO vorliegen.

- Das vorhandene Einkommen bzw. Vermögen darf nicht zur Deckung der Verfahrenskosten ausreichen.

§ 290 Abs. 1 Nr. 1 und 3 InsO nennt folgende Versagungsgründe:

■ wenn der Antragsteller wegen einer Straftat nach den §§ 283 bis 283c StGB rechtskräftig verurteilt worden ist (hierbei handelt es sich um den Bankrott, den besonders schweren Fall des Bankrotts, der Verletzung der Buchführungspflicht und der Gläubigerbegünstigung)

■ oder wenn dem Antragsteller in den letzten zehn Jahren vor dem Antrag auf Eröffnung des Insolvenzverfahrens eine Restschuldbefreiung versagt worden ist

■ oder wenn nach dem vorgenannten Antrag bereits eine Restschuldbefreiung erteilt wurde

■ oder wenn wegen eines Verstoßes gegen die Obliegenheitspflichten (siehe Seite 35) oder einer Insolvenzstraftat eine Restschuldbefreiung versagt worden ist

Während jedem Antragsteller bekannt sein dürfte, ob er wegen einer der oben genannten Versagungsgründe verurteilt worden ist oder ob er innerhalb der oben genannten Fristen bereits eine Restschuldbefreiung erhalten hat oder eine solche versagt worden ist, bereitet die Beurteilung der Einkommensvoraussetzungen eher Probleme.

Grundsätzlich soll nur der Antragsteller eine Stundung erhalten, der letztendlich auch bedürftig ist. Bedürftig ist derjenige, dessen Vermögen oder auch Einkommen nicht ausreicht, um die Kosten des Verfahrens zu decken. Geht man von der Begründung zum Gesetzesentwurf aus, handelt es sich hierbei um die Fälle, die entsprechend der Regelung des § 26 Abs. 1 InsO mangels Masse abgewiesen werden würden – sprich, die Fälle, bei denen der Schuldner die Verfahrenskosten nicht tragen kann.

Das Gericht wird also prüfen, ob das sogenannte Schuldnervermögen zur Deckung der Verfahrenskosten ausreichend sein wird. Aus dem Blickwinkel, die Verwaltung nur so wenig wie möglich zu belasten, wird vorrangig das Schuldnervermögen zur Kostendeckung herangezogen. Dies gilt übrigens auch für die pfändbaren Beträge des Einkommens nach Eröffnung des Verfahrens.

Nicht selten haben sich auch karitative Einrichtungen bereit erklärt, die Verfahrenskosten im Rahmen eines Darlehens zu übernehmen. Liegt ein solcher Fall vor oder haben andere Dritte die Verfahrenskosten übernommen oder würden diese übernehmen,

II

so tritt die Stundung immer in den Hintergrund. Sie scheidet im Prinzip aus. Übrigens, Darlehen, die zur Finanzierung der Verfahrenskosten dienen sollen, sind von der Restschuldbefreiung selbstverständlich nicht erfasst. Man nennt solche Darlehen auch Förderdarlehen zur Verfahrenseröffnung.

Was wird gestundet?

Liegen die Voraussetzungen für eine Stundung vor, werden die im Zusammenhang mit dem Verfahren entstehenden Kosten gestundet. Hierzu gehören insbesondere folgende Kosten:

- Gerichtskosten für das Verfahren (nach Gerichtskostengesetz)
- Vergütungen und Auslagen des Treuhänders und vorläufigen Insolvenzverwalters
- Vergütungen an Sachverständige

Die Stundung umfasst dabei bereits entstandene Kosten und die zukünftigen Kosten. Entsprechend werden Auslagenvorschüsse nach § 68 GKG ebenfalls nicht erhoben.

Beiordnung eines Rechtsanwalts

Werden die Verfahrenskosten gestundet, kann das Gericht dem Antragsteller einen Rechtsanwalt beiordnen, wenn es von der Sache her notwendig ist. Dies wird in der Regel immer dann der Fall sein, wenn die Sach- oder Rechtslage schwierig ist. Gemeint sind hier insbesondere Sachverhalte, bei denen der Antragsteller gegen Versagungsgründe der Restschuldbefreiung (§ 290 InsO) oder den Vorwurf des Verstoßes gegen die Obliegenheitsverpflichtungen (§ 296 InsO) kämpft.

Hat das Gericht einen Rechtsanwalt beigeordnet, werden die Kosten für diesen Rechtsanwalt ebenfalls gestundet.

Ab wann und über welchen Zeitraum gilt die Stundung?

Grundsätzlich gilt die Stundung ab dem Zeitpunkt, ab dem sie ausgesprochen worden ist. Dies wäre aber für den Antragsteller eine sehr unbefriedigende Lösung, da die Gerichte natürlich eine gewisse Prüfungs- und Bearbeitungszeit beanspruchen können und müssen. Damit der Antragsteller rechtzeitig von der Stundung profitieren und das Verfahren ohne größere Verzögerung seinen Fortgang nehmen kann, gilt die Stundung einstweilig ab Antragstellung. Wird die Stundung später versagt, müssen die bereits gestundeten Kosten an die jeweiligen Stellen gezahlt werden. Sollte die Bundes- oder Landeskasse bereits eingetreten sein, sind die nicht gestundeten Beträge entsprechend an sie abzuführen.

Über die Stundung der Verfahrenskosten wird für jeden Verfahrensabschnitt eine gesonderte Anspruchsprüfung durchgeführt. Nach dem Willen des Gesetzgebers gilt dies für den gerichtlichen Einigungsversuch, für das vereinfachte Verfahren und für das Restschuldbefreiungsverfahren. Liegen die Voraussetzungen zu einem späteren Zeitpunkt nicht mehr vor, kann die Stundung ganz oder für den geprüften Verfahrensabschnitt versagt werden.

Rückzahlung und Anpassung der gestundeten Beträge

Wie oben bereits beschrieben, müssen die gestundeten Beträge an die entsprechenden Kassen zurückgezahlt werden. Die Stundung endet grundsätzlich mit der Erteilung der Restschuldbefreiung – also im Prinzip nach Ablauf der Wohlverhaltensphase. Liegt kein weiterer Antrag vor, werden die gestundeten Beträge in einer Summe fällig. Nun hat der Gesetzgeber schon erkannt, dass die Leistungsfähigkeit eines Schuldners nach der Wohlverhaltensphase immer noch ziemlich erschöpft sein wird. Entsprechend ist es nicht sinnvoll, die betroffenen Personen durch eine sofortige Fälligstellung der gesamten Kosten in ein neues Schuldenloch bzw. in einen neuen Schuldenkreislauf zu stürzen. Zudem ist zu bezweifeln, dass eine Person, die gerade eine Restschuldbefreiung erhalten hat, als besonders kreditwürdig gilt.

Damit auch hier eine Lösung gefunden wird, hat der Gesetzgeber eine weitere Stundung der Kosten ermöglicht. Allerdings hat diese Stundung nur ein Ziel: Rückführung der gesamten Kosten. Demzufolge kann das Gericht eine Ratenzahlung gestatten. Während dieses Ratenzahlungszeitraums verzichten die entsprechenden Kassen auf eine Zwangsvollsteckung.

Um eine schnelle Rückführung zu gewährleisten, muss der Schuldner sein Einkommen und sein Vermögen einbringen, um die gestundeten Beträge zurückzuführen. Dazu gehören auch die Erbschaftsanteile, die nach § 295 Abs. 1 Nr. 2 InsO nicht an den Treuhänder abgeführt werden mussten. Sind nach der Verwertung des eventuellen Vermögens noch nicht alle gestundeten Beträge zurückgeführt worden, so müssen die restlichen Beträge oder auch alle Beträge aus dem Einkommen finanziert werden.

II Bezüglich der Höhe der Raten verweist die Insolvenzordnung auf § 115 Abs. 1 und 2 ZPO. Bemessungsgrundlage für die monatliche Ratenhöhe ist das Einkommen. Als Einkommen gelten alle Einkünfte in Geld oder Geldeswert. Von dem ermittelten Einkommen können nach den Regelungen des § 115 Abs. 1 ZPO unterschiedliche Aufwendungen abgezogen werden. Hierbei handelt es sich insbesondere um Unterhaltspflichten, Miete, Heizung und andere Beträge, soweit sie mit Rücksicht auf besondere Belastungen angemessen sind.

Ist das monatliche Einkommen festgestellt, ist dieses auf volle Euro zu runden. Entsprechend der Regelungen des § 115 ZPO sind die Stundungsbeträge auf maximal 48 Raten aufzuteilen. Auf die Zahl der Rechtszüge kommt es nicht an. Es gilt folgende Tabelle:

bei einem einzusetzenden Einkommen (EUR)	eine Monatsrate von (EUR)
bis 15	0
50	15
100	30
150	45
200	60
250	75
300	95
350	115
400	135
450	155
500	175
550	200
600	225
650	250
700	275
750	300
über 750	300 zuzüglich des 750 übersteigenden Teils des einzusetzenden Einkommens

Die Regelungen der §§ 88 und 90 SGB XII finden bei der Ermittlung der Raten entsprechende Anwendung.

Wird eine Ratenzahlung bewilligt, ist der Schuldner verpflichtet, Änderungen der Einkommens- und Vermögensverhältnisse umgehend dem Gericht anzuzeigen. Wird die Änderung, im Besonderen die positive Änderung, dem Gericht nicht angezeigt, kann dies dazu führen, dass das Gericht die Stundung nachträglich aufhebt (siehe unten). Einkommens- oder Vermögensänderungen können sich insbesondere aus folgenden Gründen ergeben:

II

- Lohn- und Gehaltserhöhungen
- Schenkungen
- Erbschaften
- zusätzliche Arbeitseinkommen

Anhand der neuen Einkommens- und Vermögensverhältnisse ist das Gericht berechtigt, die Raten neu zu berechnen oder die Stundung insgesamt aufzuheben.

Praxis-Tipp:

Dem Gericht sollte jede Veränderung in den Einkommens- oder Vermögensverhältnissen gemeldet werden. Besser eine Meldung zu viel als eine Meldung zu wenig.

Übrigens, tritt eine Änderung der Verhältnisse beispielsweise schon während des gerichtlichen Einigungsversuchs ein und sind hier bereits Kosten gestundet, so sind die Veränderungen ebenfalls dem Gericht mitzuteilen.

Das Gericht kann Änderungen zum Nachteil des Schuldners nicht mehr aussprechen, wenn seit der Beendigung des Verfahrens vier Jahre vergangen sind.

Aufhebung der Stundung

Eine bereits befürwortete Stundung kann natürlich auch wieder zurückgenommen werden. Allerdings setzt dies voraus, dass der Schuldner schon erheblich zur Aufhebung beiträgt. Der Gesetzge-

II

ber sieht es für ausreichend an, um eine bereits gewährte Stundung aufzuheben, wenn einer der folgenden Gründe (§ 4c InsO) gegeben ist:

- der Schuldner hat vorsätzlich oder grob fahrlässig unrichtige Angaben über Umstände gemacht, die für die Eröffnung des Insolvenzverfahrens oder die Stundung maßgebend sind

- der Schuldner hat die vom Gericht verlangten Erklärungen über seine Einkommens- oder Vermögensverhältnisse nicht abgegeben

- die persönlichen oder wirtschaftlichen Voraussetzungen für eine Stundung haben nicht vorgelegen (Aufhebung nur innerhalb der vierjährigen Frist möglich; siehe oben)

- der Schuldner ist länger als drei Monate mit der Zahlung der Monatsraten oder der Zahlung eines sonstigen Betrages in Rückstand

- der Schuldner übt keine angemessene Erwerbstätigkeit aus und bemüht sich nicht um eine solche oder lehnt eine solche ab

- der Schuldner ist ohne Beschäftigung, bemüht sich nicht um eine solche oder schlägt eine zumutbare Tätigkeit aus

- die Restschuldbefreiung wird versagt oder widerrufen

Praxis-Tipp:

Sollten sich Ihre wirtschaftlichen Verhältnisse während der Ratenzahlung verschlechtern, sollte man sich umgehend an das Gericht wenden. Das Gericht kann dann prüfen, ob die Ratenhöhe noch angemessen ist, und passt diese den neuen Gegebenheiten an. Rückstände sollten möglichst vermieden werden.

Rechtsmittel

Der Schuldner hat das Recht zur sofortigen Beschwerde, wenn die Stundung abgelehnt oder aufgehoben wird. Weiterhin kann eine sofortige Beschwerde erfolgen, wenn das Gericht die Beiordnung eines Rechtsanwalts ablehnt.

Was man vorher wissen sollte

Bevor auf den nächsten Seiten das Verfahren näher erklärt wird, sind grundsätzliche Vorüberlegungen hilfreich.

II

Wann sollte man sich Gedanken über ein Schuldbefreiungsverfahren machen?

Zunächst sollte man wissen, dass heute mehr als 2,5 Millionen Haushalte in Deutschland überschuldet sind. Dieses Wissen hilft im Moment zwar nicht weiter, soll aber zeigen, dass man sich nicht unbedingt für seine Schulden schämen muss. Leider macht es die Wirtschaft jemandem auch sehr leicht, in die Schuldenfalle zu tappen. Viele Unternehmen locken mit großzügigen Zahlungsangeboten. Ohne größere Prüfung der Liquidität wird mit Kleinkrediten nur so um sich geworfen. Hier ein paar bekannte Beispiele:

„Heute kaufen, in sechs Monaten zahlen!"

„Günstige Finanzierung ab 20 Euro monatlich."

„Wir zahlen Höchstpreise für Ihren Gebrauchten."

Die verlockenden offenen Angebote können schnell dafür sorgen, dass man den Überblick verliert. Darüber hinaus wartet aber auch das tägliche Leben mit kleinen Fallen. Ganz weit oben steht das Handy: Man kann durch SMS und MMS schon mal richtig in Schwierigkeiten kommen. Vor allem Jugendliche sind hier besonders gefährdet.

Erste Gedanken über ein Schuldbereinigungsverfahren sollte man sich dann machen, wenn das Einkommen nicht mehr ausreicht, die normalen Lebenshaltungskosten und die Schulden vollständig zu decken. In den meisten Fällen verpasst man diesen Zeitpunkt. Meist will man es nicht wahrhaben, dass das Einkommen nicht mehr reicht. Aber auch die Scham, sich vor einer fremden Person als Überschuldeter zu outen, verhindert eine rechtzeitige Gegenmaßnahme. Spätestens wenn die ersten Pfändungen vorliegen, sollte man sich um eine Schuldbefreiung bemühen.

Vorsicht vor unseriösen Helfern

Leider tummeln sich auf dem Markt der Helfer auch unseriöse Helfer. Hier sollte man zwei Gruppen unterscheiden. Bei der einen Gruppe handelt es sich um Kreditvermittler. Wie aus der Tagespresse bekannt, bieten hier viele Kreditvermittler schnelle und unkomplizierte Bargeldzahlungen an. Dabei wird insbesondere darauf hingewiesen, dass

- eine SCHUFA-Auskunft nicht verlangt wird

- die Kredite auch an Arbeitslose vergeben werden

- keine Bürgen und Sicherheiten verlangt werden

- Bargeld ohne vorheriges Gespräch vergeben wird

Diese Kreditangebote sollte man gleich dahin befördern, wo sie eigentlich hingehören – in den Papierkorb. Hintergrund solcher Angebote ist in der Regel nicht der Wille, mit einem Kredit zu helfen, sondern die Notlage der Schuldner auszunutzen. Das Prinzip, dass sich Schuldner an jeden Strohhalm klammern, der sie aus der Schuldnerfalle ziehen könnte, wird sich hier zunutze gemacht.

Bei solchen Kreditgeschäften geht es dem Kreditgeber nicht darum, dem Schuldner Geld zu verschaffen, sondern für seine Angebote zumeist überzogene Gebühren zu verlangen. Beispielsweise wird für die Übersendung des Kreditantrages bereits eine Gebühr verlangt. Nach der Zahlung von weiteren Gebühren, meist als Aufwendungen getarnt, wird das Kreditangebot mit fadenscheinigen Gründen zurückgenommen.

Wenn man mal genau darüber nachdenkt, kann es auch nicht anders sein. Eine Kreditinstitut wäre ziemlich naiv, wenn es ohne eigene Prüfung einer Person Geld gibt, die kurz vor einer Insolvenz steht. Das Ausfallrisiko des Kredites wäre viel zu hoch.

Einen betrügerischen Kreditvermittler erkennt man übrigens nicht an seinem Aussehen. Solche Leute spielen immer den seriösen Kaufmann und versuchen so das Vertrauen zu erwerben. Unseriöse Angebote erkennen Sie insbesondere an folgenden Merkmalen:

- für Leistungen werden Vorauszahlungen verlangt

- vor Abschluss des eigentlichen Kreditvertrages wird vorab eine Gebührenrechnung (meist pauschale Kosten) ausgestellt

- der Kunde soll einen Beratervertrag abschließen

- Kreditgeber ist fast immer ein ausländisches Unternehmen

- Kreditvermittler kann zumeist nur über Handy oder teure Sondernummern erreicht werden

Häufig behaupten die Kreditvermittler, dass die Bonität aufgebessert werden kann, indem man zusätzliche Spar- oder Versicherungsverträge abschließt. Auch hier geht es dem Vermittler nicht um das Wohl des Schuldners, sondern um die Vermittlungsprovisionen bei den entsprechenden Vertragspartnern. Auch wenn das Angebot noch so verlockend ist: Finger weg von solchen Krediten!

Praxis-Tipp:

Lassen Sie sich nicht auf die guten Finanzierungsvorschläge von dubiosen Kreditvermittlern ein. Spätestens wenn es um das Thema Vorkasse geht, sollten Sie den Vermittler zur Tür bitten.

Bei der anderen Gruppe handelt es sich um die unseriösen Berater. Hier versucht man, dem Schuldner durch Beratungsangebote und vermeintliche Hilfestellungen das noch übrige Geld aus der Tasche zu ziehen. Der unseriöse Berater verlangt vom Schuldner für seine angebliche Beratungsleistung horrende Gebühren. Dabei wird dem Schuldner vorgegaukelt, dass tatsächlich etwas getan wird. Auch hier sollte man sich nicht täuschen lassen.

Eine seriöse Beratung bzw. ein seriöser Berater zeichnet sich insbesondere durch folgende Punkte aus:

- die Beratung ist kostenfrei

- die Beratung ist umfassend

- der Träger der Beratungsstelle ist ersichtlich

- der Berater oder die Beratungsstelle ist zugelassen

II

Die soliden Beratungsstellen in Deutschland werden in der Regel durch die Wohlfahrtsverbände, Kommunen und Landkreise getragen. Hierzu gehören unter anderem die Schuldnerberatungsstellen. Anschriften geeigneter und vor allem zugelassener Beratungsstellen findet man über die Verbraucherzentralen der jeweiligen Bundesländer (Anschriften siehe Seite 126).

Das Pfändungsschutzkonto (P-Konto)

Ab dem 1.7.2010 gibt es das Pfändungsschutzkonto, umgangssprachlich P-Konto genannt. Wie der Name letztendlich schon zum Ausdruck bringt, soll dieses Konto den Inhaber vor den Auswirkungen einer Kontopfändungsmaßnahme durch die Gläubiger in einem gewissen Rahmen schützen. Die gesetzlichen Regelungen hierzu findet man in § 850k ZPO.

Wer meint, es handele sich hierbei um ein eigenständiges Konto bei der Bank, der irrt. Vielmehr ist es nur eine Bezeichnung für ein Konto. Das bedeutet, dass das bestehende Girokonto bei der Hausbank nur zu einem solchen Konto umfunktioniert werden muss.

Antragstellung

Die Umwandlung eines bestehenden Girokontos zu einem Pfändungsschutzkonto erfolgt in der Regel über eine Vereinbarung mit der Hausbank. Es wird empfohlen, diesen Wunsch der Bank schriftlich mitzuteilen. Im Verlauf der Zeit werden die Banken, sofern noch nicht geschehen, entsprechende Formulare entwickeln. Die Bank ist verpflichtet dem Wunsch zu entsprechen, da nach § 850k Abs. 7 ZPO ein Rechtsanspruch des Bankkunden besteht.

> **Praxis-Tipp:**
>
> Das P-Konto sollte man stets vereinbaren. So ist man bereits vor dem Ausbringen einer Pfändungsmaßnahme durch Gläubiger geschützt. Eine kostenlose Hilfe im täglichen Leben, auch wenn man kein Verbraucherinsolvenzverfahren durchführen will oder muss.

II

Die Banken sind zwar zur Umwandlung eines Kontos verpflichtet, aber nicht zur Eröffnung eines neuen Girokontos. Gemeint sind diejenigen Bankkunden, die bei einem neuen Kreditinstitut ein Girokonto eröffnen möchten. Hier kann die Bank grundsätzlich weiterhin die Neuaufnahme verweigern. In diesen Fällen bleibt aber noch die Möglichkeit auf ein Girokonto für Jedermann.

Auch wenn das bestehende Girokonto bereits mit einer Kontenpfändung belegt ist, kann dieses zu einem P-Konto umgewandelt werden. In diesem Fall erfolgt die Umwandlung zu Beginn des vierten Tages nach Abgabe der Erklärung des Kontoinhabers, dass das Girokonto in ein P-Konto umgewandelt werden soll.

Welchen Nutzen hat das Konto?

Wie oben bereits erwähnt, schützt das Konto bis zu einem bestimmten Betrag vor dem Zugriff von Gläubigern. Die Höhe des Pfändungsschutzes ergibt sich aus dem Pfändungsfreibetrag gemäß § 850c ZPO (siehe Pfändungstabelle). Grundsätzlich wird jedes P-Konto mit dem Basisbetrag in Höhe von 985,15 Euro geführt. Der Basisbetrag kann jedoch erhöht werden. Gemeint sind hier die Pfändungsfreibeträge für alle unterhaltsberechtigten Personen und andere unpfändbare Beträge (siehe Seite 64). Einen besonderen Schutz genießt beispielsweise das Kindergeld.

Der Basisbetrag kann sich gemäß § 850k Abs. 2 Nr. 1a oder Abs. 2 Nr. 1b ZPO wie folgt erhöhen:

- für die erste unterhaltsberechtigte Person um 370,76 Euro
- für jede weitere unterhaltsberechtigte Person um 206,56 Euro

Zusätzlich ergeben sich Erhöhungen aus

- laufenden Bezügen zum Ausgleich eines durch einen Körper- oder Gesundheitsschaden bedingten Mehraufwandes (§ 850k Abs. 2 Nr. 2 ZPO i. V. m. § 54 Abs. 3 Nr. 3 SGB I),

II

- dem zustehenden Kindergeld pro Kind (§ 850k Abs. 2 Nr. 3 ZPO),

- Kinderzuschlägen,

- einmaligen Sozialleistungen (§ 850k Abs. 2 Nr. 2 ZPO).

Soll der Sockelfreibetrag um weitere Freibeträge erhöht werden, muss der Kunde die Voraussetzungen über entsprechende Bescheinigungen nachweisen. Dies gilt insbesondere für die Unterhaltsberechtigten oder die Zahl der Mitglieder einer Bedarfsgemeinschaft, wenn der Kunde hierfür Leistungen des SGB II oder SGB XII entgegennimmt. Weiterhin sind einmalige und wiederkehrende Sozialleistungen, das Kindergeld und andere Sozialgeldleistungen für Kinder, über Bescheinigungen nachzuweisen.

Die für die Bank notwendigen Bescheinigungen dürfen ausstellen:

- Arbeitgeber (z. B. über eine aussagekräftige Lohn- oder Gehaltsabrechnung)

- Familienkassen (Kindergeldbescheinigung)

- Sozialleistungsträger (z. B. über den Leistungsbescheid)

- geeignete Personen (z. B. Rechtsanwälte, Steuerberater)

- anerkannte Schuldnerberatungsstellen (§ 305 Abs. 1 Nr. 1 InsO)

Genügen die Freibeträge nicht, so kann die Pfändungsschutzgrenze nach einem entsprechenden Antrag durch das Amtsgericht erhöht werden.

Beispiel:

Pfändungsfreibetrag und P-Konto

Peter Müller lässt von seiner Bank ein Pfändungsschutzkonto einrichten. Neben ihm leben in seinem Haushalt seine Ehefrau und die Tochter Klara. Gegenüber beiden Personen ist Herr Müller unterhaltspflichtig.

Der Pfändungsschutzbetrag ermittelt sich wie folgt:

Grundfreibetrag für Herrn Müller	985,15	EUR
Freibetrag für Frau Müller (erste Person)	+ 370,76	EUR
Freibetrag für Tochter Klara (weitere Person)	+ 206,56	EUR
Freibetrag Kindergeld Tochter Klara	+ 184,00	EUR
Monatlicher Pfändungsschutzbetrag	= 1 746,47	EUR

II

Über die im P-Konto festgeschriebenen Pfändungsfreibeträge kann der Kontoinhaber frei verfügen. Dies gilt auch, wenn das Konto unter dem Pfändungsbeschlag durch eine Kontopfändung steht. Dies war früher nicht so. Hier galt solange der Pfändungsbeschlag, bis nachgewiesen wurde, dass es sich um unpfändbare Beträge handelte. Die sogenannte Kontenblockade ist hier nicht mehr möglich. Das P-Konto bietet somit den Vorteil, dass im Rahmen der Pfändungsfreibeträge die finanzielle Beweglichkeit erhalten bleibt.

Beispiel:

Wirkung der Pfändung beim P-Konto

Beispiel wie zuvor, jedoch wird das Konto des Herrn Müller vom Finanzamt am 20.3. gepfändet. Der Pfändungsbetrag beläuft sich auf 5 000 EUR. Herr Müller hat zuvor sein Girokonto in ein P-Konto umgewandelt. Am 1.4. geht auf dem P-Konto sein Nettoeinkommen in Höhe von 1 900 EUR ein.

Die Bank ist gegenüber dem Finanzamt nur verpflichtet, das über den Pfändungsschutzbetrag hinausgehende Guthaben in Höhe von 153,53 EUR an den Gläubiger zu überweisen. Die restlichen 1 746,47 EUR stehen trotz des noch nicht vollständig erfüllten Pfändungsbetrags Herrn Müller frei zur Verfügung. So kann er beispielsweise am 2.4. seine Wohnungsmiete in Höhe von 600 EUR pünktlich überweisen.

Neben der obigen Berechnung besteht auch die Möglichkeit, dass man die Pfändungsfreibeträge aus der Pfändungstabelle als Pfändungsschutzbetrag bestimmt. Auch hier muss das Amtsgericht entscheiden. Die Übernahme der Pfändungsfreibeträge nach der Pfändungstabelle kann sinnvoll sein, wenn dieser die Pfändungsfreigrenze des P-Kontos übersteigt. In diesem Fall erspart man sich zusätzlichen Ärger, wenn der Lohn bereits gepfändet ist und nur noch der unpfändbare Teil auf das Bankkonto überwiesen wird.

II

Beispiel:

Pfändungsfreibeträge nach Pfändungstabelle

In dem obigen Beispiel wird das P-Konto mit einem Pfändungsfreibetrag von 1 746,47 EUR geführt. Herr Müller ist Arbeitnehmer und erhält ein monatliches Nettogehalt von 2 500 EUR.
Nach der Pfändungstabelle ergibt sich ein Pfändungsfreibetrag (bei zwei unterhaltsberechtigten Personen) in Höhe von
2 124,99 EUR.

Geht das Gehalt bei einem unveränderten Pfändungsfreibetrag auf dem P-Konto ein, so sind nur 1 746,47 EUR geschützt.
Demzufolge müsste die Bank bei einer vorliegenden Pfändung die Differenz an den Gläubiger auskehren. Wird der
Pfändungsfreibetrag auf dem P-Konto dem der Pfändungstabelle angeglichen, so kann Herr Müller über einen Betrag von
2 124,99 EUR frei verfügen.

Neu ist, dass nicht verbrauchte Pfändungsfreibeträge nicht an den
Gläubiger ausgekehrt werden müssen. Dies ist bei einer Pfändung eines „normalen" Girokontos anders. Dort müssen solche Beträge unter bestimmten Voraussetzungen an den Pfändungsgläubiger ausgekehrt werden. Beispielsweise müssen bei einem Girokonto gutge-
schriebene Sozialleistungen innerhalb von 7 Tagen durch den Kontoinhaber abgehoben werden. Beim P-Konto ist dies anders: Werden
nicht alle von der Pfändungsfreigrenze geschützten Beträge verbraucht, so können diese in den Folgemonat übernommen werden.

Beispiel:

Beträge des Vormonats

Beispiel wie zuvor. Herr Müller hat von den geschützten
1 746,47 EUR am Monatsende noch 200 EUR nicht verbraucht.
Dieser Betrag steht als Guthaben auf dem Konto.

Nach der Regelung zum P-Konto werden die 200 EUR am Monatsende nicht an die Gläubiger ausgezahlt, sondern können
auf dem Konto verbleiben.

Wird aus irgendeinem Grund ein noch höherer Pfändungsfreibetrag benötigt, so ist eine gerichtliche Entscheidung über die zusätzliche Höhe notwendig.

Geschützte Einkünfte

Der Pfändungsschutz des P-Kontos bezieht sich auf Guthaben als solche. Aus diesem Grunde ist die Art der Einkünfte unbeachtlich. Bei einem „normalen" Girokonto ist dies nicht so. Das bedeutet, dass neben dem Arbeitseinkommen auch Einkommen aus einer selbstständigen Tätigkeit über das P-Konto geschützt sind. Gleiches gilt auch für Geldgeschenke. Dies stellt einen erheblichen Vorteil für einen Schuldner dar.

II

Beispiel:

Geschützte Einkünfte

Liesel Klein betreibt eine kleine Trinkhalle. In ihrem Haushalt lebt nur ihr Ehemann. Es ergibt sich ein Pfändungsschutzbetrag in Höhe von 1 355,91 EUR. Dieser wurde als Pfändungsschutzbetrag in das P-Konto übernommen. Im Monat Mai wurden Einnahmen aus der selbstständigen Tätigkeit in Höhe von 400 EUR dem Konto gutgeschrieben. Weiterhin erhielt Frau Klein von ihrer Mutter zum Geburtstag 700 EUR geschenkt. Diese Zahlung wurde ebenfalls dem P-Konto gutgeschrieben. Am Monatsende befand sich ein Guthaben in Höhe von 1 100 EUR auf dem Konto.

Würde jetzt eine Kontopfändung erfolgen, wären 1 100 EUR des Guthabens aufgrund der Pfändungsschutzwirkung des P-Kontos geschützt.

Anzahl der P-Konten

Jede natürliche Person darf nur ein P-Konto führen. Überwacht wird dies von der SCHUFA. Die Banken sind ermächtigt, der SCHUFA mitzuteilen, für welche Bankkunden ein P-Konto geführt wird. Entsprechend können die Banken prüfen, ob bei einer anderen Bank bereits ein P-Konto besteht.

Wird neben dem P-Konto ein weiteres Girokonto geführt, wirkt sich der Pfändungsschutz nur auf das P-Konto aus. Das heißt, dass für das Girokonto kein weiterer Pfändungsschutz gemäß ZPO beantragt werden kann.

Achtung vor Betrügern

Bei der Aufbereitung des Themas ist aufgefallen, dass die Verbraucherschützer vor unseriösen Vermittlern warnen. So bieten sogenannte Dienstleister Girokonten oder Pfändungsschutzkonten insbesondere denjenigen Personen an, die bisher Schwierigkeiten hatten, ein Girokonto bei einer Bank zu erhalten. Dafür werden dann Vermittlungsgebühren im Bereich von 20 bis 120 Euro verlangt. Von der Inanspruchnahme solcher Leistungen wird dringend abgeraten.

II

> **Praxis-Tipp:**
>
> Wer kein „normales" Girokonto erhält, sollte versuchen, ein Girokonto auf Guthabenbasis zu erhalten. Die bisherigen Erfahrungen haben gezeigt, dass Sparkassen am ehesten bereit sind, ein solches Konto einzurichten.

Vorbereitung auf das Beratungsgespräch

Die Qualität eines Beratungsgesprächs hängt im Wesentlichen davon ab, wie komplett die Schuldnerunterlagen sind. Es nützt nicht viel, unvorbereitet beim Berater zu erscheinen, dessen Fragen zu Schulden, Einkünften und bestehenden Verträgen aber nicht beantworten zu können. Das nachträgliche Beschaffen der Unterlagen verbraucht Zeit und verzögert den Beginn des Verfahrens.

Man sollte insbesondere die folgenden Unterlagen zum Gespräch mitbringen:

- Zusammenstellung der Schulden (möglichst sortiert nach strittigen und unstrittigen)
- Liste aller Gläubiger
- gesamter Schriftwechsel mit Gläubigern (falls vorhanden)
- Vollstreckungsbescheide
- Mahnbescheide
- Abtretungserklärungen
- Beschlüsse über Unterhaltsverpflichtungen
- alle vorhandenen Verträge (z. B. Miet-, Spar-, Kauf-, Versicherungsverträge, vermögenswirksame Leistungen)

- Aufstellung vorhandener Vermögensgegenstände (z. B. Kraftfahrzeuge)
- Grundbuchauszüge bei Immobilieneigentum
- Übersicht über die monatlichen Einnahmen und Ausgaben

II

Es bietet sich an, zusätzlich die Unterlagen in einem Ordner sortiert abzuheften. Auf das „Plastiktütenprinzip" sollte auch aus Sicht des Schuldnerberaters verzichtet werden.

Wichtige Fachbegriffe

Das Gesetz nennt häufig Fachbegriffe. Vorab werden Ihnen die wichtigsten Begriffe in Zusammenhang mit dem Schuldenbereinigungsverfahren kurz vorgestellt.

Abtretung

Bei der Abtretung handelt es sich um einen Vertrag zwischen zwei Rechtspersönlichkeiten, wobei die eine der anderen den pfändbaren Teil ihrer Forderung gegen einen Dritten abtritt (vgl. §§ 398, 400 BGB). Aufgrund der Abtretung wird der Abtretungsempfänger Gläubiger der Forderung. Eine Pfändung abgetretener Ansprüche ist somit nicht möglich. Der Abtretungsvertrag (§ 398 BGB) muss eine bestimmte Forderung oder eine bestimmbare Forderung zum Gegenstand haben, den neuen Gläubiger bezeichnen und erforderlichenfalls den Umfang der Abtretung bestimmen oder zumindest bestimmbar darstellen. Ist die Abtretung unwirksam, so gilt sie als nicht zustande gekommen. Hat ein Gläubiger eine unwirksame Abtretung offengelegt, ist er verpflichtet, für den entstandenen Schaden einzustehen (vgl. BGH NJW 1974, S. 2754).

> **Praxis-Tipp:**
>
> Wurden Abtretungen an privatrechtliche Gläubiger vorgenommen, sollte auf jeden Fall deren Wirksamkeit überprüft werden. Fehlerhafte Abtretungen fließen der Insolvenzmasse zu und erhöhen Ihre Chancen bei den Einigungsversuchen.

Berichtstermin

Der Berichtstermin ist ein zentraler Termin im Rahmen des eröffneten Verfahrens. Hier nimmt der Treuhänder Stellung zu seinen beim Schuldner ermittelten Sachverhalten. Im Wesentlichen werden im Bericht wirtschaftliche Aspekte dargestellt. Nach Diskussion des Berichts entscheiden die Gläubiger durch Abstimmung über den Fortgang des Verfahrens. Zugelassen zum Termin sind neben dem Rechtspfleger und dem Verwalter oder Treuhänder die Gläubiger und natürlich der Schuldner.

Insolvenzmasse

Der Begriff Insolvenzmasse wird in § 35 InsO geregelt. Grundsätzlich gehört das gesamte Vermögen des Antragstellers im Zeitpunkt der Eröffnung zur Insolvenzmasse. Wurden vor der Eröffnung Vermögenswerte veräußert, verschenkt oder gepfändet, so ist zu prüfen, ob diese nicht zur Insolvenzmasse gehören. Sollte dies der Fall sein, können die Gläubiger selbst oder auch im Auftrag der Treuhänder die vorgenannten Handlungen im Wege einer Anfechtung rückgängig machen. Einfacher gesagt, der veräußerte, verschenkte oder gepfändete Vermögenswert fließt der Masse wieder zu. Insbesondere folgende Gegenstände werden der Insolvenzmasse zugerechnet:

- Grundvermögen, sofern dieses im Eigentum des Schuldners steht
- Erbbaurechte
- grundstücksgleiche Rechte wie z. B. Bergwerkseigentum, Jagd- und Fischereirechte
- Wohnungs- und Teileigentum (Eigentumswohnungen)
- Urkunden über Forderungen und Rechte (Aktienurkunden, Sparbücher, Grundpfandrechtsbriefe)
- Manuskripte, deren Urheber der Schuldner ist, gehören nur mit dessen Einwilligung zur Insolvenzmasse
- Anteile an Gesellschaften bürgerlichen Rechts (GbR)
- Anteile an Aktiengesellschaften (AG), Gesellschaften mit beschränkter Haftung (GmbH) und Personengesellschaften (OHG, KG)

- pfändbare Anteile von unübertragbaren Forderungen i. S. d. § 851 Abs. 2 ZPO

- Forderungen, sofern nicht abgetreten,

- Versicherungserstattungen, wenn diese nicht zugunsten eines Dritten erfolgen,

- Steuererstattungsansprüche

- Bankguthaben

- Schuldverschreibungen

- Pfandbriefe

- Kommunalobligationen

- Optionsscheine

- Besserungsscheine

- Anwartschaftsrechte

Insolvenzfreies Vermögen

Hinter dem Begriff „insolvenzfreies Vermögen" verbergen sich die Vermögensbestandteile eines Schuldners, die nicht zur Insolvenzmasse gehören. Dies ist zum einen das unpfändbare Vermögen, zum anderen das Vermögen, welches aus der Masse durch den Treuhänder oder Insolvenzverwalter freigegeben wird. Ausnahmen hiervon ergeben sich aus dem sogenannten Neuerwerb (siehe dort).

Über diese nicht zur Insolvenzmasse gehörenden Vermögensgegenstände kann der Schuldner frei verfügen. Es steht jedem Schuldner auch frei, diese Gegenstände der Insolvenzmasse zur Verfügung zu stellen. Grund für eine solche Handlung könnte beispielsweise die Stärkung der Masse sein.

Insolvenzverfahren

Bei dem Insolvenzverfahren (auch Regelverfahren genannt) handelt es sich um das eigentliche Verfahren für überschuldete und in Zahlungsunfähigkeit geratene Schuldner. Hier finden sich also alle Personen und Unternehmer wieder, welche nicht unter die Ausnahmeregelungen der Verbraucherinsolvenz fallen. Aber auch in diesem Verfahren können natürliche Personen eine Restschuldbefreiung erlangen.

II Liquidierung

Unter Liquidierung ist die Veräußerung des Schuldnervermögens zu verstehen. Die Erlöse aus der Veräußerung fließen der Insolvenzmasse zu und werden, nach Abzug der Kosten, auf die Gläubiger verteilt.

Masse

Als Masse bezeichnet man das Vermögen des Schuldners, welches der Verwaltung des Treuhänders unterliegt. Die Eröffnung eines Insolvenzverfahrens bzw. Verbraucherinsolvenzverfahrens wird zurückgewiesen, wenn die Verfahrenskosten nicht gedeckt werden können und keine Bereitschaft besteht, diese zu finanzieren.

Neuerwerb

Als Neuerwerb wird das Vermögen oder auch Einkommen bezeichnet, welches nach der Eröffnung des Verfahrens dem Schuldner zufließt. Im Verbraucherinsolvenzverfahren dürfte dies beispielsweise das Arbeitseinkommen sein. Dieser sogenannte Neuerwerb gehört zur Insolvenzmasse. Nicht zum Neuerwerb gehört das insolvenzfreie Vermögen, etwa der unpfändbare Teil des Arbeitseinkommens.

Null-Plan

Von einem Null-Plan ist zu sprechen, wenn der Schuldner weder über ein pfändbares noch über ein wirtschaftliches Vermögen verfügt. Der Schuldenbereinigungsplan würde somit einen 100-prozentigen Forderungsverzicht vorsehen. Das Gegenstück zu diesem Null-Plan ist der sogenannte flexible Null-Plan. Hier schlägt der Schuldner den Gläubigern vor, bei Verbesserung der wirtschaftlichen Situation über einen bestimmten Zeitraum Beträge zu zahlen, die dem pfändbaren Teil des Einkommens entsprechen werden.

Obliegenheiten

Als Obliegenheiten bezeichnet man die Verpflichtungen des Schuldners während des Verlaufs des Insolvenzverfahrens bzw. der Laufzeit der Abtretungen. Grundsätzlich muss der Schuldner folgende Verpflichtungen erfüllen:

II

Der Schuldner muss eine angemessene Erwerbstätigkeit ausüben.

Beispiel:

Angemessene Tätigkeit

Fritz Müller ist als ausgebildeter Kaufmann bei der Firma Hamster als Abteilungsleiter beschäftigt. Sein monatliches Nettogehalt beläuft sich auf ca. 2 000 EUR.

Die Tätigkeit ist als angemessen anzusehen, da sie im Rahmen der beruflichen Qualifikation von Herrn Müller steht.

Ist der Schuldner arbeitslos, hat er sich um eine Anstellung zu bemühen und darf keine zumutbare Tätigkeit ablehnen.

Beispiel:

Arbeitslosigkeit

Der überschuldete Kaufmann Dieter Wuttke ist seit zwei Jahren arbeitslos. Im Laufe des Insolvenzverfahrens wird ihm von der Arbeitsagentur für Arbeit eine seiner Ausbildung entsprechende Arbeitsstelle angeboten. Herr Wuttke versäumt ohne Grund das Vorstellungsgespräch, sodass die Stelle mit einem anderen Bewerber besetzt wird.

Herr Wuttke hat sich, durch das Versäumen des Vorstellungstermins, nicht ernsthaft um eine Anstellung bemüht. Dies hat zur Folge, dass hier ein Verstoß gegen die Obliegenheiten vorliegt und das Insolvenzverfahren auf Antrag der Gläubiger aufgehoben werden kann.

Erwirbt der Schuldner Vermögen im Rahmen der Erbfolge oder vorweggenommenen Erbfolge, hat er die Hälfte des Wertes an den Treuhänder herauszugeben.

II

> **Beispiel:**
>
> **Vermögenszuwachs im Rahmen der vorweggenommenen Erbfolge**
>
> Der Insolvenzschuldner Jürgen Dose erhält im Rahmen einer vorweggenommenen Erbfolge ein Gleichstellungsgeld von seiner Schwester i. H. v. 25 000 EUR.
>
> Herr Dose muss dem Treuhänder den Wert des Vermögenszuwachses (25 000 EUR) mitteilen und ihm 12 500 EUR (50 %) auszahlen. Verstößt Herr Dose gegen diese Verpflichtung, kann dies zum Scheitern des Verfahrens führen.

Wechselt der Schuldner den Wohnsitz oder die Beschäftigungsstelle, so ist dieses unverzüglich dem Treuhänder mitzuteilen.

Wächst dem Schuldner im Verlauf des Verfahrens Vermögen zu, hat er dies unverzüglich dem Gericht oder dem Insolvenzverwalter mitzuteilen.

> **Beispiel:**
>
> **Verschweigen von Vermögenszuwächsen**
>
> Fritz Jung ist seit zwei Jahren Insolvenzschuldner. Bisher war er für die Firma Allbus tätig. Sein monatliches Nettogehalt betrug 1 750 EUR. Im Sommer 2010 wird ihm von der Firma Groß eine Abteilungsleiterstelle angeboten. Die Stelle ist mit einem monatlichen Nettogehalt i. H. v. 2 400 EUR dotiert. Herr Jung wechselt daraufhin sofort seinen Arbeitgeber. Allerdings verschweigt er dies dem Insolvenzgericht und dem Treuhänder.
>
> Herr Jung hat somit gegen zwei Verpflichtungen verstoßen. Zum einen hat er gegen die Meldepflicht bei Wechsel des Arbeitgebers, zum anderen gegen die Meldepflicht bei Vermögenszuwachs (hier mehr Gehalt) verstoßen. Dies hat zur Folge, dass das Insolvenzverfahren nicht zur Restschuldbefreiung führen wird.

Zahlungen zur Befriedigung der Insolvenzgläubiger sind nur an den Treuhänder zu leisten. Sonderzahlungen direkt an die Insolvenzgläubiger sind untersagt.

Beispiel:

Sonderzahlung direkt an einen Insolvenzgläubiger

Unter den Insolvenzgläubigern des Schuldners Günter Jost ist sein Freund Heinz Müller. Herr Jost schuldet Herrn Müller einen Betrag i. H. v. 6 000 EUR aus einer alten Darlehensvereinbarung. Um die Freundschaft mit Herrn Müller nicht aufs Spiel zu setzen, zahlt er ihm die volle Darlehenssumme direkt – also nicht über den Treuhänder – zurück.

Auch hier liegt eine Verletzung der Obliegenheitsverpflichtungen vor, da Herr Jost einem Gläubiger einen Sondervorteil zukommen lässt. Dies hat zur Folge, dass das Insolvenzverfahren eingestellt werden kann.

II

Praxis-Tipp:

Wie aus den Beispielen ersichtlich, kann ein Verstoß zur Aufhebung des Insolvenzverfahrens führen. Dies hat zur Folge, dass eine Restschuldbefreiung nicht erfolgen kann und die Schulden wieder in ihrer bisherigen Höhe valutieren. Grundsätzlich sollte man also alles – auch wenn es unwichtig erscheint – dem Treuhänder oder Schuldnerberater melden, damit das Verfahren nicht aufgrund einer Verfehlung Ihrerseits scheitert.

Regelinsolvenzverfahren

siehe Insolvenzverfahren

Restschuldbefreiung

Die Restschuldbefreiung tritt grundsätzlich nach Ablauf der Wohlverhaltensphase ein. Wird eine Restschuldbefreiung im Verbraucherinsolvenzverfahren erteilt, wirkt sie gegen alle Gläubiger. Dies gilt auch für die Gläubiger, die ihre Forderung im Insolvenzverfahren nicht angemeldet haben (§ 301 Abs. 1 InsO). Die Entscheidung über die Erteilung der Restschuldbefreiung trifft das Insolvenzgericht nach Anhörung der Insolvenzgläubiger, des Treuhänders und des Schuldners.

II

> **Beispiel:**
>
> **Forderung eines Gläubigers nach erfolgter Restschuldbefreiung**
>
> Der Unternehmer Hans Dumm hatte gegen den Schuldner Günter Schuldenfrei vor Beginn des vereinfachten Insolvenzverfahrens eine Forderung i. H. v. 10 000 EUR. Obwohl er von dem laufenden Insolvenzverfahren wusste, versäumte es Herr Dumm, seine Forderung beim Insolvenzgericht anzumelden und an dem Verfahren teilzunehmen. Das Insolvenzgericht stimmte nach Ablauf der Wohlverhaltensphase der Restschuldbefreiung zu. Nach Abschluss des Insolvenzverfahrens fällt Herrn Dumm sein Versäumnis auf. Da er auf seine Forderung nicht verzichten will, beantragt er gegen Günter Schuldenfrei ein Zwangsvollstreckungsverfahren.
>
> Das Zwangsvollstreckungsverfahren wegen der Forderungen ist unzulässig, da Herr Schuldenfrei eine Restschuldbefreiung erfahren hat. Die Nichtbeteiligung des Unternehmers Dumm am Verfahren liegt in seinem eigenen Verschulden. Die Forderung ist kraft Gesetzes erloschen.

Rückschlagsperre

Der Begriff Rückschlagsperre bedeutet, dass im Zeitpunkt der Eröffnung des Verfahrens alle Sicherungen unwirksam sind, die ein Gläubiger innerhalb des letzten Monats vor dem Antrag auf Eröffnung eines Insolvenzverfahrens (Verbraucherinsolvenzverfahrens) erlangt hat. Gleiches gilt für Zwangsvollstreckungen innerhalb dieses Zeitraums (§ 88 InsO). Eine Anfechtung durch den Insolvenzverwalter oder durch die Gläubiger muss nicht erfolgen. Hat der Schuldner selbst einen Antrag auf Verfahrenseröffnung gestellt, so beträgt die Rückschlagsperre drei Monate (§ 312 Abs. 1 Satz 3 InsO).

Beispiel:

Sicherungshypothek

Peter Neumann hat beim Finanzamt Berlin Steuerschulden. Da er diese nicht zurückführen kann, lässt das Finanzamt am 20.2.2010 in das Wohnungsgrundbuch des Herrn Neumann eine Zwangssicherungshypothek eintragen. Am 25.3. desselben Jahres reicht Herr Neumann beim Amtsgericht Berlin einen Antrag auf Eröffnung eines Insolvenzverfahrens ein.

Aufgrund der Regelungen über die Rückschlagsperre sind alle Sicherungsmaßnahmen und Zwangsmaßnahmen innerhalb der letzten drei Monate vor dem Antrag auf Eröffnung des Verfahrens unwirksam. Das Finanzamt hat die Zwangssicherungshypothek erst einen Monat vor dem Antrag auf Eröffnung des Verfahrens in das Wohnungsgrundbuch eintragen lassen. Entsprechend ist diese Maßnahme unwirksam.

Treuhänder

Im Rahmen des vereinfachten Insolvenzverfahrens tritt der Schuldner sein Vermögen und den pfändbaren Teil seines Einkommens an einen Treuhänder ab (§ 287 Abs. 2 Satz 1 InsO). Dieser hat die Aufgabe, zum einen das verwertbare Vermögen zu veräußern, zum anderen die abgetretenen Einkommen zu sammeln und zu bestimmten Terminen an die Gläubiger nach Maßgabe des Insolvenzgerichts zu verteilen. Der Treuhänder wird nach § 313 Abs. 1 Satz 3 i. V. m. § 56 InsO zunächst vom Insolvenzgericht bestellt. Es kann aber in der ersten Gläubigerversammlung ein neuer Treuhänder von den Gläubigern gewählt werden. Die Regelungen der §§ 56 bis 66 InsO finden in Bezug auf den Treuhänder entsprechend Anwendung. Die Rechtsstellung des Treuhänders ergibt sich aus § 292 InsO. Für seine Tätigkeit hat der Treuhänder einen Anspruch auf Vergütung. Gleiches gilt für seine Auslagen (§ 293 InsO).

Abtretung an den Treuhänder

Forderungen und Vermögen können auch bereits vor Beginn des Insolvenzverfahrens an einen Treuhänder wirksam abgetreten werden. Dies hat den Vorteil, dass die Gläubiger selbst durch

II

Zwangsvollstreckungsmaßnahmen keinen Zugriff mehr auf das Vermögen oder Einkommen haben. Weiterhin haben auch neue Gläubiger mit Forderungen, die erst im Verlauf des Verfahrens entstehen und somit nicht beteiligt sind, keine Möglichkeit, durch Zwangsvollstreckungsmaßnahmen das Vermögen bzw. das Einkommen zu mindern. Entsprechend steigt der Wert der Insolvenzmasse.

Wohlverhaltensphase

Die Wohlverhaltensphase umschreibt den Zeitraum zwischen der Eröffnung des Insolvenzverfahrens bis zur Restschuldbefreiung. In der Wohlverhaltensphase sind Zwangsvollstreckungsmaßnahmen durch Gläubiger unzulässig (vgl. § 294 Abs. 1 InsO). Der Schuldner muss sein pfändbares Einkommen auf die Dauer von sechs Jahren an den Treuhänder abtreten (§ 287 Abs. 2 InsO). Weiterhin muss der Schuldner seine Obliegenheiten nach § 295 InsO erfüllen.

Beispiel:

Wohlverhaltensphase und Zwangsvollstreckung

Über die Schulden der Gerda Klose wurde am 1.2.2009 das vereinfachte Insolvenzverfahren eröffnet. Nach Feststellung des Vermögens und Vereinbarung mit dem Treuhänder hat Frau Klose ab 1.5.2009 monatlich den pfändbaren Teil ihres Einkommens an den Treuhänder abzutreten. Im Januar 2010 pfändet das am Verfahren beteiligte Finanzamt das Girokonto von Frau Klose.

Die Pfändung des Girokontos ist unzulässig, da sich Frau Klose in der Wohlverhaltensphase befindet. Die entstandenen Kosten gehen zu Lasten des Finanzamts.

Außergerichtlicher Einigungsversuch

III

Der Einstieg in das Verfahren

Das Verbraucherinsolvenzverfahren beginnt grundsätzlich mit einem vom Schuldner durchzuführenden Versuch, sich mit seinen Gläubigern ohne gerichtliche Beteiligung zu einigen. Man spricht hier vom außergerichtlichen Einigungsversuch. Dieser erste Schritt ins Verfahren ist zwingend notwendig und kann grundsätzlich nicht einfach weggelassen werden.

III

Beispiel:

Fehlen des außergerichtlichen Einigungsversuchs

Frieda Klein ist zahlungsunfähig geworden. Da sie von dem Verbraucherinsolvenzverfahren gehört hat, beantragt sie die Eröffnung des Verfahrens beim zuständigen Insolvenzgericht. Ein vorheriger Einigungsversuch wurde von ihr nicht unternommen.

Das Insolvenzgericht muss den Antrag zurückweisen, da die Eröffnungsvoraussetzung – außergerichtlicher Einigungsversuch – nicht vorliegt.

Von diesem Zwang des Versuchs, sich mit seinen Gläubigern ohne Beteiligung des Gerichts zu einigen, gibt es eine Einschränkung. Ein außergerichtlicher Einigungsversuch scheitert natürlich dann, wenn die Gläubiger nicht zustimmen. Der Gesetzgeber sieht aber auch dann ein Scheitern des Versuchs, wenn ein Gläubiger nach dem Beginn der Verhandlungen über eine Einigung die Zwangsvollstreckung in das Schuldnervermögen betreibt. In diesem Fall geht man unabhängig von der Zustimmung anderer Gläubiger davon aus, dass der Schuldner selbst keine Einigung mehr erzielen kann.

Das Herbeiführen des Scheiterns durch die Zwangsvollstreckungsmaßnahme eines Gläubigers ist aber nur gegeben, wenn dem Gläubiger ein konkreter Plan zur Schuldenbereinigung vorgelegt wurde. Die bloße Absichtserklärung reicht hierzu noch nicht aus. Somit können, solange der Plan noch nicht ausgearbeitet wird, aufgrund von Zwangsvollstreckungsmaßnahmen noch keine

Rückschlüsse auf das Scheitern des späteren Plans gezogen werden. Ein Umgehen des außergerichtlichen Einigungsversuchs ist in dieser Phase nicht möglich.

Beispiel:

Pfändung nach Planvorlage

Helga Münster hat nach der Anforderung der Forderungsaufstellungen einen Plan zur Schuldenbereinigung erarbeitet. Diesen sendet sie im Oktober 2009 allen Gläubigern zu. Der Gläubiger Dr. Klein sieht es trotz des vorgelegten Plans nicht ein, auf seine Forderungen zu verzichten. Entsprechend lässt er seinen bereits erwirkten Titel vollstrecken. Im November 2009 geht dem Arbeitgeber von Frau Münster eine Lohnpfändung zu.

Aufgrund der Zwangsvollstreckungsmaßnahme des Herrn Dr. Klein kann der außergerichtliche Einigungsversuch als gescheitert angesehen werden. Maßgebend für das Scheitern ist, dass die Zwangsvollstreckungsmaßnahme nach Beginn der Verhandlungen erfolgt ist.

Ist ein außergerichtlicher Schuldenbereinigungsplan aus den vorgenannten Gründen gescheitert, ist dies dem Gericht im Eröffnungsantrag darzustellen.

Wie bereits gesagt, nimmt die Insolvenzordnung keine besondere Stellung dazu, wie ein außergerichtlicher Einigungsversuch aussehen soll. So wird beispielsweise nicht benannt, welche Unterlagen bei einem solchen Versuch vorgelegt werden müssen. Allerdings dürfte aufgrund der Zielsetzung des außergerichtlichen Vergleichs klar sein, dass den Gläubigern so viele Unterlagen zur Verfügung gestellt werden sollten, wie notwendig sind, eine überlegte Entscheidung zu treffen. Leider gibt es immer wieder Pläne, die eine solche Voraussetzung nicht erfüllen. Ein Schuldenbereinigungsplan, reduziert auf eine DIN A4-Seite, entspricht wohl kaum dem beabsichtigten Verfahren. Der Gesetzgeber verlangt auch in diesem Stadium einen ernsthaften Einigungsversuch. Kurz gesagt, dem Gläubiger muss zumindest die Gelegenheit eingeräumt wer-

III

den, seine Entscheidung genau zu überdenken. Meines Erachtens sollten demnach bereits in einem außergerichtlichen Einigungsversuch die Unterlagen vorgelegt werden, die bei einem späteren Eröffnungsantrag ohnehin vorzulegen sind. Kommt das Gericht zu der Entscheidung, dass der probierte außergerichtliche Einigungsversuch nicht ernsthaft war, so kann es das gerichtliche Verfahren verweigern.

III

Unterlagen für einen außergerichtlichen Einigungsversuch

Um einen außergerichtlichen Vergleich durchführen zu können, sollte man zunächst folgende Unterlagen erstellen bzw. beschaffen:

- ein Vermögensverzeichnis (Aufstellung der Forderungen an Dritte, des Einkommens und des Vermögens)

- ein Gläubigerverzeichnis und Aufstellung deren Forderungen

- eine Erklärung darüber, dass das Verzeichnis richtig und vollständig ist

- ein Schuldenbereinigungsplan (Tilgungsplan)

Sind die oben genannten Unterlagen erstellt, sind diese allen Gläubigern zur Verfügung zu stellen. Dabei ist ihnen gleichzeitig mitzuteilen, in welcher Höhe sie insgesamt auf ihre Schuld verzichten sollen. Das heißt, wie viel dem Schuldner durch den einzelnen Gläubiger erlassen werden soll.

Nehmen alle Gläubiger den Vergleich an, spart sich der Schuldner das weitere Verfahren und die Schulden fallen nach Erfüllung des Schuldenbereinigungsplans im Ganzen weg.

Das nun folgende Ablaufschema stellt nochmals dar, in welcher Reihenfolge der außergerichtliche Einigungsversuch verlaufen soll.

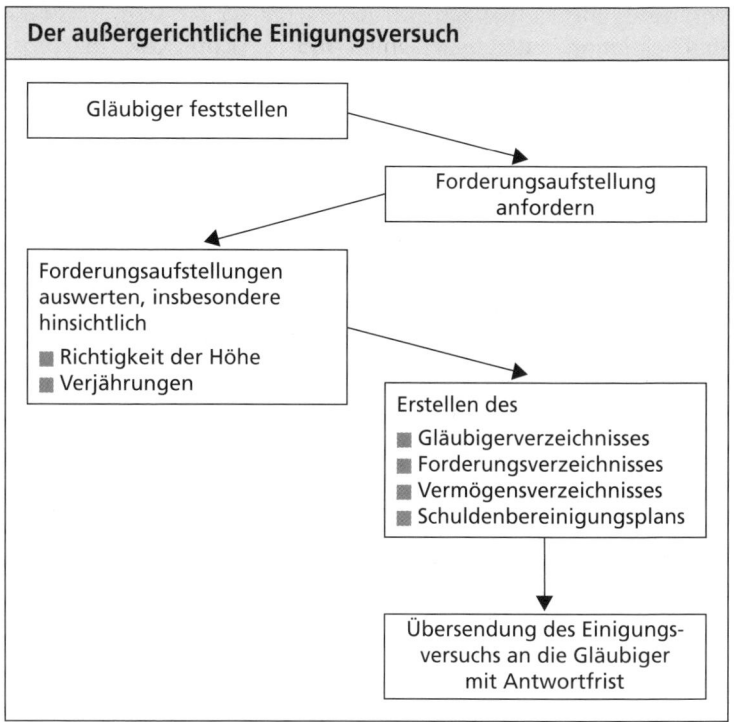

Der außergerichtliche Einigungsversuch

Gläubiger feststellen

Forderungsaufstellung anfordern

III

Forderungsaufstellungen auswerten, insbesondere hinsichtlich
- Richtigkeit der Höhe
- Verjährungen

Erstellen des
- Gläubigerverzeichnisses
- Forderungsverzeichnisses
- Vermögensverzeichnisses
- Schuldenbereinigungsplans

Übersendung des Einigungsversuchs an die Gläubiger mit Antwortfrist

Ist professionelle Hilfe notwendig?

Während des außergerichtlichen Einigungsversuchs ist, wenn man von einigen Problemen absieht, keine professionelle Hilfe notwendig. Man kann mithilfe dieses Buches durchaus einen außergerichtlichen Vergleich erfolgreich versuchen. Auch im Hinblick auf die teilweise langen Wartezeiten bei den Schuldnerberatungsstellen ist es günstig, wenn man den außergerichtlichen Einigungsversuch bereits durchgeführt hat. Insbesondere dann, wenn dieser scheitert.

Ist der außergerichtliche Einigungsversuch allerdings gescheitert, wird nun professionelle Hilfe zwingend erforderlich. Der Gesetzgeber lässt dem Schuldner hier keine Wahl, da er als Antragsvoraussetzung für das gerichtliche Verfahren verlangt, dass eine Bescheinigung über den gescheiterten Einigungsversuch vorgelegt wird.

Forderungsaufstellung anfordern

III

Ein außergerichtlicher Einigungsversuch beginnt natürlich am sinnvollsten mit vorbereitenden Handlungen. Zu diesen Handlungen gehört zum einen das Feststellen der Gläubiger, zum anderen das Feststellen der Schuldenhöhe. Um zu einem Ergebnis zu kommen, schlage ich folgende Vorgehensweise vor:

1. Gläubigerliste aufstellen

2. Anschriften besorgen

3. Forderungsaufstellungen anfordern

Zunächst sollten die eigenen Unterlagen nach Gläubigern durchsucht werden. Die vorhandenen Gläubiger sind in eine Liste aufzunehmen. Diese Liste soll als Merkzettel bis zur Erstellung des späteren Gläubigerverzeichnisses dienen. Weiterhin soll sie bei den weiteren Tätigkeiten unterstützen. Schließlich möchte man keinen der Gläubiger vergessen. Sind die eigenen Unterlagen durchforstet, sollte man nochmals überlegen, ob noch weitere Gläubiger vorhanden sind. Meist vergisst man die Gläubiger, die sich schon lange nicht mehr gemeldet haben. Dies gilt insbesondere für die Gläubiger aus der öffentlichen Verwaltung. Hier gelten Verjährungsfristen bis zu fünf Jahren. Da kann man schon mal etwas vergessen. Weitere Hilfe bietet auch die SCHUFA-Auskunft, da hier auch Forderungen von Gläubigern verzeichnet sind.

Praxis-Tipp:

Damit man keinen älteren Gläubiger vergisst, sollte man beispielsweise eine SCHUFA-Auskunft über sich einholen. In der Regel sind dort viele Gläubiger aufgeführt. Eine solche Auskunft sollte unbedingt dann eingeholt werden, wenn man den Wohnsitz gewechselt hat, da meist in solchen Fällen alte Gläubiger in Vergessenheit geraten.

Wird ein Gläubiger mit seinen Forderungen später nicht berücksichtigt, weil man an ihn nicht gedacht hat, nehmen dessen Forderungen nicht am Verfahren teil. Demzufolge wirkt die Restschuldbefreiung gegenüber diesem Gläubiger nicht.

Sind die Gläubiger festgestellt, geht es nun daran, die Forderungshöhe der einzelnen Gläubiger zu ermitteln. Nur wenn die einzelnen Forderungshöhen bekannt sind, kann später ein aussagekräftiger und richtiger Schuldenbereinigungsplan erstellt werden. Jegliche Schätzungen sind ungenau und sollten besser unterlassen werden. Außerdem kann man durch die Anforderungen der Forderungsaufstellung sichergehen, dass man alle Forderungen des angeschriebenen Gläubigers berücksichtigt hat. Man verschiebt somit die Verantwortung für die Richtigkeit der Angaben in Bezug auf die Forderungshöhe auf den jeweiligen Gläubiger. Hat ein Gläubiger beispielsweise eine seiner Forderungen vergessen oder stimmt die von ihm angegebene Forderungssumme nicht, kann man dies nicht dem Schuldner zur Last legen. Für den Verlauf des Verfahrens ist dies ein nicht unwesentlicher Sachverhalt.

Die Forderungsaufstellung ist schriftlich anzufordern (siehe Musterbrief Seite 130). Die Gläubiger müssen die Forderungsaufstellung auf eigene Kosten erstellen. Das heißt, dass dem Schuldner hier keine Kosten in Rechnung gestellt werden dürfen (§ 305 Abs. 2 InsO). Der Schuldner hat in seinem Anforderungsschreiben allerdings darauf hinzuweisen, dass er in naher Zukunft beabsichtigt, einen Antrag auf Eröffnung eines Insolvenzverfahrens (Verbraucherinsolvenzverfahrens) zu stellen. Weiterhin sollen die Gläubiger im Anschreiben gebeten werden, die Forderungen getrennt nach Hauptschulden, Zinsen und Kosten anzugeben. Bereits bei der Anforderung der Forderungsaufstellung bietet es sich an, gleichzeitig um Mitteilung zu bitten, für welche der Forderungen bereits ein Vollstreckungstitel (tituliert) vorliegt und ob noch laufende Abtretungen bestehen.

III

Prüfungsschema: Anforderung einer Forderungsaufstellung

- Hinweis über die Absicht, in Kürze ein Verbraucherinsolvenzverfahren durchzuführen

- Anforderung der Forderungshöhe getrennt nach Hauptschulden, Zinsen und Kosten

- Bitte um Mitteilung, welche Forderungen tituliert sind

- Bitte um Mitteilung, ob Abtretungen erfolgt sind

- Bitte um Mitteilung, ob die Forderung zwischenzeitlich an Dritte verkauft worden ist (Inkassounternehmen)

- Antwortfrist

Die Anforderungsschreiben können grundsätzlich mit einfachem Brief versandt werden. Antwortet einer der Gläubiger nicht innerhalb der Frist, kann das Anschreiben als Einschreibebrief mit Rückschein nochmals zugestellt werden. In diesem Fall hat man später den Nachweis darüber, dass der nicht antwortende Gläubiger angeschrieben worden ist. Letztendlich kann die Nichtbeantwortung des Schreibens auch als Weigerung gedeutet werden, den Einigungsversuch zu befürworten (siehe Mustervermerk Seite 140).

Liegen die Forderungsaufstellungen der Gläubiger vor, kann damit begonnen werden, diese zunächst in eine Liste einzutragen. Im Zusammenhang mit der Erstellung kann auch gleichzeitig die Forderungsquote der einzelnen Gläubiger an der Gesamtverschuldung ermittelt werden. Üblicherweise ist die Forderungsquote bis zwei Stellen hinter dem Komma zu berechnen.

Beispiel:

Aufstellung der Ergebnisse der Forderungsauflistung

Der Schuldner Gustav Jung hat im Rahmen des Insolvenzverfahrens alle seine Gläubiger um eine Forderungsaufstellung gebeten. Entsprechend der Mitteilungen der Gläubiger erstellt er folgende Liste:

Gläubiger	Forderungs- grund	Betrag in EUR	titu- liert	Pfändung/ Abtretung	Quote %
Finanzamt Essen	Einkommen- steuer Zinsen zur Steuer Säumnis- zuschläge	7 000,– 100,– 400,–	ja	Pfändung der Lohn- einkünfte	15,86
Bauer Bank AG	Kreditvertrag vom 22.10.2007, zzgl. 7 % Zinsen	22 500,–	ja	nein	47,59
Müller Bank AG	Dispositions- kredit Stand: heute zzgl. 9 % Zinsen	5 000,–	nein	nein	10,58
Klaus Klein	Darlehens- vertrag vom 13.5.2009, zzgl. 4 % Zinsen	10 125,–	nein	nein	21,42
Dr. Jung	Zahnarzt- rechnung	2 150,–	ja	nein	4,55
Gesamt- forderung		47 275,–			100

III

Gläubiger- und Forderungsverzeichnis erstellen

Hat der Schuldner die Forderungsliste erstellt, muss er nun das eigentliche Gläubigerverzeichnis fertigen. Auch hier ist es wichtig,
dass das Gläubigerverzeichnis alle Gläubiger sowie eine Aufstellung der Verbindlichkeiten enthält. Alle im Gläubigerverzeichnis
aufgeführten Gläubiger müssen über den Einigungsversuch vom
Schuldner in Kenntnis gesetzt werden. Vergisst er einen der Gläubiger, kann dies zum Scheitern des Verfahrens führen. Die Pflicht
zur Unterrichtung der Gläubiger gilt auch dann, wenn er bereits
weiß, dass ein bestimmter Gläubiger sich dem Einigungsversuch
nicht anschließen wird.

Die Gestaltung des Forderungs- und Gläubigerverzeichnisses ist grundsätzlich an keine besonderen Regelungen gebunden. Die Verzeichnisse sollten allerdings übersichtlich sein. Es steht jedem frei, ob er jeweils ein Gläubiger- sowie Forderungsverzeichnis erstellt oder beide Verzeichnisse in einem Gläubiger- und Forderungsverzeichnis zusammenfügt. Letzteres dürfte etwas übersichtlicher sein und spart ein wenig Papier. Das Gesamtverzeichnis über die Gläubiger und Forderungen sollte grundsätzlich folgende Angaben enthalten:

III

- Namen der Gläubiger

- Höhe der Forderungen

- Summe aller gemeldeten Forderungen

- Hinweis über die Titulierung der Forderungen

- Hinweis zu laufenden Abtretungen

- Anteil der Einzelnen an der Gesamtforderung

Die Mitteilung von Anschriften der Gläubiger oder der Grund der Forderung sind nicht notwendig. Für die Gläubiger sollte nur erkennbar sein, inwieweit und in welcher Höhe andere Gläubiger am Verfahren beteiligt sind.

Im Zusammenhang mit der Aufstellung des Gläubiger- und Forderungsverzeichnisses sollten die übersandten Forderungsaufstellungen auf ihre Richtigkeit überprüft werden. Besteht eine Forderung nicht zu Recht, muss diese später nicht berücksichtigt werden.

Die übersandte Forderungsaufstellung sollte anhand folgender Fragen überprüft werden:

- Ist man tatsächlich Schuldner der Forderung?

- Stimmt die Höhe der von den jeweiligen Gläubigern gemeldeten Forderungen?

- Ist die Forderung zwischenzeitlich verjährt?

- Ist die Forderung abgetreten und ist die Abtretung rechtmäßig?

Sind alle diese Fragen geklärt, so kann das Gläubiger- und Forderungsverzeichnis fertig gestellt werden. Abschließend ist zu empfehlen, die Richtigkeit des Verzeichnisses zu bestätigen. Dies kann durch folgenden Zusatz unter dem Verzeichnis erfolgen:

Das Gläubiger- und Forderungsverzeichnis ist richtig und vollständig.

Verjährung von Forderungen

Liegen die Forderungsaufstellungen der einzelnen Gläubiger vor, **III** so sind diese auf verjährte Forderungen zu überprüfen. Ist eine Forderung bereits durch Zeitablauf verjährt, muss der Schuldner diese nicht mehr im Verfahren berücksichtigen. Dies gilt auch dann, wenn ein Gläubiger viele Einzelforderungen gegen ihn geltend gemacht hat.

Wann eine Forderung verjährt ist, bestimmen die Regelungen des Bürgerlichen Gesetzbuches (BGB). Die regelmäßige Verjährungsfrist beträgt drei Jahre (§ 195 BGB). Erst nach Ablauf von 30 Jahren gelten folgende Ansprüche als verjährt:

- Herausgabeansprüche aus Eigentum und anderen dinglichen Rechten
- Familien- und erbrechtliche Ansprüche, seit dem 1.1.2010 bereits nach drei Jahren
- Rechtskräftig festgestellte Ansprüche
- Ansprüche aus vollstreckbaren Vergleichen
- Ansprüche aus vollstreckbaren Urkunden
- Ansprüche, die durch die im Insolvenzverfahren erfolgte Feststellung vollstreckbar geworden sind

Hinweis: Die Verkürzung der Verjährungsfrist für familien- und erbrechtliche Ansprüche gilt für alle Erbfälle ab dem 1.1.2010. In besonderen Ausnahmefällen besteht weiterhin die Verjährungsfrist von 30 Jahren. Dies betrifft insbesondere Fälle im Zusammenhang mit Herausgabeansprüchen gegenüber den Erbschaftsbesitzern oder den Vorerben.

Handelt es sich bei den oben aufgeführten Ansprüchen, mit Ausnahme der Herausgabeansprüche, um regelmäßig wiederkehrende Leistungen oder Unterhaltsleistungen, beträgt die Verjährungsfrist drei Jahre.

Neben den beiden genannten Verjährungsfristen gibt es weitere. Hierbei handelt es sich insbesondere um folgende Sachverhalte und Verjährungsfristen:

■ Rechte an Grundstücken verjähren nach zehn Jahren.

■ Mängelansprüche im Zusammenhang mit dem Kauf von Bauwerken oder Werkverträgen verjähren nach fünf Jahren.

III ■ Mängelansprüche bei beweglichen Sachen (§ 438 BGB), bei Werkleistungen, die auf Herstellung, Wartung oder Veränderung einer Sache gerichtet sind, verjähren nach zwei Jahren.

■ Steuerschulden verjähren nach fünf Jahren (§ 228 AO).

Liegt die Forderung eines Gläubigers vor, die der regelmäßigen dreijährigen Verjährungsfrist unterliegt, ist zu prüfen, ob die Verjährung tatsächlich eingetreten ist. Die Verjährungsfrist für solche Forderungen beginnt mit dem Ende des Jahres, in dem

■ der Anspruch entstanden ist und

■ der Gläubiger von den den Anspruch begründenden Umständen und der Person des Schuldners Kenntnis erlangt oder ohne grobe Fahrlässigkeit erlangen müsste.

Beispiel:

Beginn und Ablauf der Verjährungsfrist

Peter Müller hat im Februar 2006 bei dem Versandhaus Knolle eine Stereoanlage gekauft. Die beiliegende Rechnung i. H. v. 2 200 EUR glich er allerdings bis heute nicht aus. Aufgrund eines Fehlers des Computers fiel dieser Sachverhalt dem Versandhaus auch bisher nicht auf. Demzufolge wurde der offene Rechnungsbetrag bisher nicht angefordert. Im Sommer 2010 bemerkt der Buchhalter der Firma Knolle den Fehler und fordert Müller zur Zahlung auf.

Peter Müller muss der Zahlungsaufforderung nicht Folge leisten, da die Forderung verjährt ist. Bei dem Kauf der Stereoanlage handelt es sich um einen Kaufvertrag über eine Ware, damit verjährt die Forderung nach drei Jahren. Die Verjährungsfrist begann mit Schluss des Jahres 2006 (31.12.2006) und endete am 31.12.2009.

Die Verjährungsfristen, die nicht der regelmäßigen Verjährungsfrist unterliegen, beginnen in aller Regel mit der Entstehung des Anspruchs. Hierunter fallen insbesondere die Herausgabeansprüche aus Eigentum oder anderen dinglichen Rechten. Die Verjährungsfristen für rechtskräftig festgestellte Ansprüche, vollstreckbare Vergleiche, vollstreckbare Urkunden und im Insolvenzverfahren festgestellte Ansprüche beginnen mit der Rechtskraft der Entscheidung, der Errichtung des vollstreckbaren Titels oder der Feststellung im Insolvenzverfahren. Voraussetzung ist allerdings, dass der Anspruch auch entstanden ist.

III

Schadensersatzforderungen, die nicht auf einer Verletzung des Lebens, des Körpers, der Gesundheit oder der Freiheit beruhen, verjähren nach zehn Jahren. Liegt eine der vorgenannten Verletzungen vor, beträgt die Verjährungsfrist 30 Jahre. Maßgebend für den Beginn der Frist ist die Begehung der Handlung, der Pflichtverletzung oder des sonstigen, den Schaden auslösenden Ereignisses.

Sollte man jetzt aber meinen, dass man nur drei Jahre nicht zahlen muss, um die Forderungen verjähren zu lassen, irrt man leider. Ganz so einfach ist es nicht. Der Gesetzgeber hat zum Schutz der Gläubiger einige Verjährungshemmungen ins BGB aufgenommen.

Für die folgenden Sachverhalte ist eine Verjährungshemmung, Ablaufhemmung oder ein Neubeginn der Verjährung vorgesehen:

- bei Verhandlungen zwischen dem Schuldner und dem Gläubiger
- durch Rechtsverfolgung
- durch Leistungsverweigerungsrecht
- durch höhere Gewalt
- aus familiären und ähnlichen Gründen

Die Verjährungshemmung wirkt in der Art, dass die Verjährungshemmung nicht in die Verjährungsfrist eingerechnet wird.

Verhandeln Gläubiger und Schuldner über den Anspruch oder die Umstände, die zur Begründung des Anspruchs geführt haben, so tritt die Verjährung frühestens drei Monate nach dem Ende der Hemmung ein. Maßgeblich für das Ende der Hemmung ist der Zeitpunkt, an dem die Verhandlungen als gescheitert erklärt werden.

III

> **Beispiel:**
>
> **Wirkung der Verjährungshemmung**
>
> Beispiel wie zuvor, jedoch ruft die Firma Knolle noch im Dezember 2009 bei Herrn Müller an und macht ihm ein Zahlungsangebot. Im Januar 2010 schlägt Herr Müller das Angebot aus. Ein Mahnbescheid wird nicht beantragt.
>
> Aufgrund der Verhandlungsaufnahme ist eine Verjährungshemmung mit der Folge eingetreten, dass die Verjährungsfrist nicht am 31.12.2009 endet. Die Hemmung der Verjährung gilt für den Verhandlungszeitraum. Da die Verhandlungen im Januar 2010 als gescheitert erklärt werden, tritt die Verjährung zum Ende des Monats April 2010 ein.

Geht ein Gläubiger gerichtlich gegen den Schuldner vor, spricht man in der Regel von Rechtsverfolgung. In solchen Fällen endet die Verjährungshemmung grundsätzlich sechs Monate nach der rechtskräftigen Entscheidung. Gleiches gilt bei anderweitiger Beendigung des Verfahrens. Als Rechtsverfolgung werden beispielsweise folgende Punkte angesehen:

- Erhebung der Klage auf Leistung oder auf Feststellung des Anspruchs

- Erhebung der Klage auf Erteilung der Vollstreckungsklausel oder auf Erlass des Vollstreckungsurteils

- Zustellung des Antrags im vereinfachten Verfahren über den Unterhalt Minderjähriger

- Zustellung des Mahnbescheids im Mahnverfahren

- Geltendmachung der Aufrechnung des Anspruchs im Prozess

- Anmeldung des Anspruchs im Insolvenzverfahren

Praxis-Tipp:

Kommt eine der genannten Verjährungsfristen in Betracht, sollte man dies dem Gläubiger anzeigen. Bei rechtlichen Problemen oder Weigerung der Anerkennung lohnt sich ein Rechtsbeistand. Wird man durch einen Dritten vertreten, sollte man diesen auf die Verjährung hinweisen (siehe Seite 131).

III

Kann ein Schuldner aufgrund der Vereinbarung vorübergehend die Leistung verweigern (Leistungsverweigerungsrecht), so ist auch die Verjährung während des Zeitraums gehemmt.

War ein Gläubiger innerhalb der letzten sechs Monate der Verjährungsfrist durch höhere Gewalt an der Rechtsverfolgung gehindert, bleibt auch in diesem Fall die Verjährung gehemmt.

Auch innerhalb der Familie sind Verjährungshemmungen vorgesehen. Haben Ehegatten untereinander Ansprüche, ist die Verjährung so lange gehemmt, wie die Ehe besteht. Gleiches gilt beispielsweise auch im Verhältnis zwischen Lebenspartnern. Zwischen Eltern und Kindern endet die Verjährungshemmung, wenn das Kind das 21. Lebensjahr vollendet hat.

Neben den Verjährungshemmungen stehen die Ablaufhemmungen. Hier zielt die Verjährungsfrist auf ein bestimmtes Ereignis ab. Der Gesetzgeber hat hier Nachlassfälle und Sachverhalte mit nicht voll geschäftsfähigen Personen geregelt.

Hat eine geschäftsunfähige oder beschränkt geschäftsfähige Person ohne gesetzlichen Vertreter Schulden, tritt eine Verjährung grundsätzlich erst sechs Monate nach dem Zeitpunkt ein, ab dem die Person unbeschränkt geschäftsfähig ist oder der Vertretungsmangel behoben worden ist. Dies gilt allerdings nicht, wenn eine in der Geschäftsfähigkeit beschränkte Person prozessfähig ist.

Die Verjährung beginnt erneut, wenn

- der Schuldner dem Gläubiger gegenüber den Anspruch durch Abschlagszahlung, Zinszahlungen, Sicherheitsleistungen oder in anderer Weise anerkennt oder

- eine gerichtliche oder behördliche Vollstreckungshandlung vorgenommen oder beantragt wird.

Wird allerdings eine Vollstreckungshandlung nicht vorgenommen, so beginnt die Verjährung nicht erneut. Gleiches gilt, wenn eine Vollstreckungshandlung auf Antrag des Gläubigers oder mangels gesetzlicher Voraussetzungen aufgehoben wird. Einfacher könnte man sagen, dass die Verjährungsfrist aufgrund einer Vollstreckungshandlung nur dann erneut beginnt, wenn die Vollstreckungshandlung tatsächlich durchgeführt wird und bestehen bleibt.

III

Praxis-Tipp:

Prüfen Sie die Verjährung genau! Fragen Sie nach, wenn nicht klar ist, ob eine Verjährung eingetreten ist. Haben Sie auf eine verjährte Forderung Zahlungen geleistet, können diese nicht zurückgefordert werden. Dies gilt auch dann, wenn die Zahlung aus Unkenntnis der Verjährung geleistet worden ist.

Vermögensverzeichnis aufstellen

Bei dem aufzustellenden Vermögensverzeichnis handelt es sich um eine Auflistung aller Forderungen an Dritte, Vermögenswerte und Einkommensverhältnisse. Sinn und Zweck des Verzeichnisses ist es, dem Gläubiger aufzuzeigen, dass der Schuldner tatsächlich nicht mehr über ein Vermögen und Einkommen verfügt, das ausreichen würde, die Schulden sinnvoll zu tilgen. Anhand des vorgelegten Vermögensverzeichnisses soll es den Gläubigern somit möglich sein, sich ein Bild über das Vermögen des Schuldners machen zu können.

Das Vermögensverzeichnis kann folgende Punkte enthalten:

- Persönliche Daten
- Vermögensgegenstände von Wert (beispielsweise Immobilien, Wertpapiere, Sparvermögen, Kraftfahrzeuge)
- Aufstellung der Einnahmen (Arbeitslohn etc.)
- Sonstige Einnahmen (Wohngeld, Unterhaltsansprüche etc.)
- Versicherungen (z. B. Lebensversicherungen)

Wichtig: Für die Erstellung des Vermögensverzeichnisses gilt, dass es komplett erstellt sein muss und keine Vermögensgegenstände, Einnahmen oder Forderungen an Dritte verschwiegen werden. Ein einfaches und unbeabsichtigtes Verschweigen (Vergessen) von Vermögensbestandteilen kann zum Scheitern des Vergleichsversuchs führen.

Praxis-Tipp:

Für das Vermögensverzeichnis ist es ausreichend, dass Sie nur die persönlichen Daten und vorhandenen Vermögenswerte aufführen und abschließend versichern, dass Sie über kein weiteres Vermögen verfügen.

III

Musterformulierungen

Bei den oben aufgeführten Vermögenswerten handelt es sich um das einzige Vermögen. Weitere Vermögenswerte sind nicht vorhanden.

Oder:

Hiermit versichere ich, dass ich über kein weiteres Vermögen verfüge.

Im Zusammenhang mit der Erstellung des Vermögensverzeichnisses stellt sich immer die Frage, ob auch die Anschriften von Forderungsinhabern (z. B. Arbeitgeber, Lebensversicherung) genannt werden müssen. Das Problem findet seine Ursache darin, dass Gläubiger die im Vermögensverzeichnis offenbarten Anschriften zu neuen Forderungspfändungen nutzen könnten. Meines Erachtens kann eine Offenbarung der Anschriften in dieser Phase des Verfahrens unterbleiben. Letztendlich sollen sich die Gläubiger nur ein plausibles Bild über die Vermögenslage machen. Hierzu sind die Anschriften der Forderungsinhaber nicht zwingend notwendig. Beschränken Sie die Angaben daher auf die Höhe Ihrer einzelnen Forderungen.

Praxis-Tipp:

Verzichten Sie im Vermögensverzeichnis auf die Mitteilung von Anschriften Ihrer Schuldner zum Schutz vor erstmaligen oder weiteren Pfändungen während des außergerichtlichen Einigungsversuchs.

Schuldenbereinigungsplan überlegen

Nachdem das Vermögensverzeichnis und das Gläubigerverzeichnis fertig gestellt sind, wird nun ein Schuldenbereinigungsplan aufgestellt. Hier ist darzustellen, wie die Schulden rückgeführt werden und auf welche Beträge die Gläubiger verzichten sollen. Der Schuldenbereinigungsplan besteht aus zwei Einzelplänen. Zum einen aus dem Verteilungsplan, zum anderen aus dem Zahlungsplan.

III

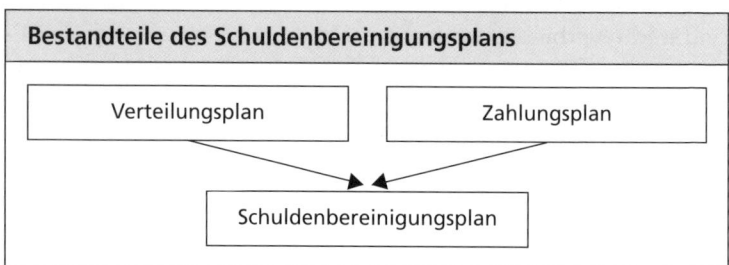

Der Verteilungsplan

Im Verteilungsplan wird festgelegt, wie das zur Verfügung stehende Einkommen monatlich auf die Gläubiger zu verteilen ist. Im Gegensatz zum Gläubigerverzeichnis werden hier nur die bereinigten Schulden – also z. B. nicht die verjährten Forderungen – aufgenommen. Der Verteilungsplan soll dem Gläubiger zeigen, dass er im Verhältnis zu den anderen Gläubigern nicht benachteiligt wird. Auch wenn es sich hierbei „nur" um den Schuldenbereinigungsplan im außergerichtlichen Einigungsversuch handelt, so sollte der folgende Merksatz bereits jetzt schon beachtet werden: Kein Gläubiger darf im Verteilungsplan besser gestellt oder benachteiligt werden.

Stellt ein Gläubiger fest, dass er im aufgestellten Plan benachteiligt wird, kann man nicht erwarten, dass dieser Gläubiger letztendlich zustimmt.

Achtung: Im Verteilungsplan werden folgende Verbindlichkeiten nicht berücksichtigt:

■ Verbindlichkeiten des Schuldners aus einer vorsätzlich begangenen unerlaubten Handlung

- Geldstrafen und die diesen in § 39 Abs. 1 Nr. 3 InsO gleichgestellten Verbindlichkeiten (z. B. Geldstrafen, Ordnungsgelder, Geldbußen, Zwangsgelder oder finanzielle Nebenfolgen einer Straftat) des Schuldners

Für die vorgenannten Verbindlichkeiten tritt auch bei der erfolgreichen Durchführung des Insolvenzverfahrens keine Restschuldbefreiung ein (§ 302 InsO). Im Ergebnis bedeutet dies, dass diese Schulden zu 100 % zu befriedigen sind.

Sind solche Verbindlichkeiten vorhanden, sollten Sie beim Gläubiger um einen Zahlungsaufschub bis zur Beendigung des Insolvenzverfahrens bitten, da nach der Restschuldbefreiung wieder Mittel zum Ausgleich vorhanden sein könnten.

Bei der Erstellung des Verteilungsplans ist zu beachten, ob Forderungen an einen Gläubiger abgetreten worden sind. Diese Abtretungen sind nämlich zu berücksichtigen.

Verteilung ohne Abtretung

Der einfachste Fall liegt vor, wenn man bisher noch keine Abtretungen, z. B. vom Lohn oder Gehalt, an Gläubiger vorgenommen hat. In solchen Fällen muss man nur die Schulden tabellarisch mit der Schuldenhöhe und der Verteilungsquote aufführen.

Beispiel:

Verteilungsplan ohne Abtretung

Hans Pech hat im Zeitpunkt der Erstellung des Verteilungsplans folgende Verbindlichkeiten:

Müller Bank AG	7 500,– EUR
Darlehen Gerda Klein	5 000,– EUR
Dr. Münster	2 500,– EUR
Möbelhaus Ikleba	4 500,– EUR
Gesamtverbindlichkeiten	19 500,– EUR

Gemäß seiner Verbindlichkeiten ist der Verteilungsplan wie folgt zu erstellen:

Verteilungsplan

Gläubiger	Schuldbetrag	Insolvenzquote
Müller Bank AG	7 500,– EUR	38,46 %
Darlehen Gerda Klein	5 000,– EUR	25,64 %
Dr. Münster	2 500,– EUR	12,82 %
Möbelhaus Ikleba	4 500,– EUR	23,08 %

Berücksichtigung von Abtretungen

Etwas problematischer gestaltet sich der Verteilungsplan, wenn der Schuldner Abtretungen (Begriff „Abtretungen" siehe Seite 31) an einen oder mehrere Gläubiger vorgenommen hat. Hier gibt es eine besondere Regelung, die dem Abtretungsempfänger einen kleinen Vorteil verschafft. Betroffen von der besonderen Abtretungsregelung sind Abtretungen, die der Schuldner vor der Eröffnung des Verfahrens vorgenommen hat. Dabei müssen die folgenden Beträge Grundlage der Abtretungsvereinbarung sein:

- Bezüge aus einem Dienstverhältnis oder

- andere laufende Bezüge

Zum Verständnis sei gesagt, dass alle anderen Vermögenswerte, sofern sie nicht durch andere Rechte belegt sind, entsprechend der ermittelten Quote befriedigt werden – also ohne Berücksichtigung der Abtretung.

Wurden Forderungen abgetreten, ist das Folgende zu beachten:

- Der Abtretungsgläubiger erhält zunächst wie vereinbart zwei Jahre die abgetretene Forderung. Sind mehrere Abtretungsgläubiger vorhanden, erhält nur derjenige Gläubiger die Abtretungsbeträge, der die älteste rechtsgültige Abtretung vorlegen kann. Alle weiteren Gläubiger müssen verzichten.

- Nach Ablauf der zweijährigen Frist erhalten alle Gläubiger – auch der Abtretungsgläubiger – das zu verteilende Einkommen entsprechend der Forderungsquote. Die Forderungsquoten sind allerdings anhand der Ausgangsverschuldung zu berechnen. Das heißt, nach Ablauf der Abtretungsfrist erfolgt keine neue Quotenberechnung.

Beispiel:

Verteilungsplan ohne Abtretung

Fritz Franken ist zahlungsunfähig geworden. Entsprechend des Gläubiger- und Forderungsverzeichnisses ergeben sich folgende Forderungen:

Fischer Bank AG	10 125,– EUR
(Lohnabtretung seit 2007)	
Otto Kredit Bank	6 500,– EUR
(Lohnabtretung seit 2009)	
Dr. Hansen	2 250,– EUR
Darlehen Frau Zaun	3 500,– EUR
Finanzamt	7 500,– EUR
Gesamtverbindlichkeiten	29 875,– EUR

III

Herr Franken müsste folgenden Verteilungsplan erstellen:

1. Abtretungsphase

Gläubiger	Laufzeit in Monaten	Schuld- summe	Forderungs- quote
Fischer Bank AG	24	10 125,– EUR	–

2. Insolvenzphase

Gläubiger	Laufzeit in Monaten	Schuld- summe	Forderungs- quote
Fischer Bank AG	48	10 125,– EUR	33,89 %
Otto Kredit Bank	48	6 500,– EUR	21,76 %
Dr. Hansen	48	2 250,– EUR	7,53 %
Darlehen Frau Zaun	48	3 500,– EUR	11,72 %
Finanzamt	48	7 500,– EUR	25,10 %

Die Otto Kredit Bank ist in der Abtretungsphase nicht zu berücksichtigen, da die Fischer Bank AG die ältere Abtretung besitzt. Entsprechend sind die Schulden der Otto Kredit Bank erst in der Insolvenzphase zu berücksichtigen.

Zahlungsplan

III Nachdem der Verteilungsplan erstellt worden ist, geht es ans Kernstück der Unterlagen: den Zahlungsplan. Dieser Plan soll aufzeigen, welche Beträge die einzelnen Gläubiger aus dem pfändbaren Einkommen bzw. Vermögen erhalten und auf welche Beträge (Summe) sie verzichten sollen. Gleichzeitig wird jedem der Gläubiger erläutert, wie die Beträge an ihn gezahlt werden sollen (Raten oder einmalige Zahlung). Letzteres ist in einem Anschreiben vorzunehmen (siehe Musterbrief Seite 132).

Praxis-Tipp:

Verteilungsplan und Zahlungsplan können auch innerhalb einer Tabelle zusammengeführt werden. Es ist nicht zwingend notwendig, dass Sie hier zwei Tabellen erstellen. Zum Zwecke der Übersicht sollten Sie aber diese Form wählen. Der Zahlungsvorschlag an sich ist schriftlich zu formulieren. Übrigens brauchen Sie nicht jedem Gläubiger mitzuteilen, über welchen Zahlungsmodus Sie sich mit den anderen Gläubigern geeinigt haben.

Bevor der Zahlungsplan erstellt werden kann, ist zunächst festzustellen, wie viel Einkommen bzw. Vermögen überhaupt verteilt werden kann. Als selbstverständlich hat zu gelten, dass alle Vermögenswerte, soweit pfändbar, veräußert werden müssen. Das Insolvenzrecht dient diesbezüglich nur dem finanziellen Neuanfang ohne Schulden, nicht aber der Sicherung vorhandenen Vermögens. Allerdings kann man in den meisten Fällen davon ausgehen, dass kaum noch Vermögenswerte vorhanden sind.

Praxis-Tipp:

Sollten Sie als Schuldner über Vermögenswerte verfügen, vermeiden Sie grundsätzlich selbstständige Veräußerungen, ohne sich an eine beratende Stelle zu wenden. Dies gilt insbesondere dann, wenn es sich um schwierige Vermögensangelegenheiten handelt.

III

Am häufigsten kommt es zur Verteilung der Löhne und Gehälter der Schuldner. Hierbei stellt sich nun die Frage, wie der Verteilungsbetrag zu bemessen ist. Grundsätzlich ist nur der sogenannte pfändbare Betrag des Einkommens zu verteilen. Der Gesetzgeber hat hierzu entsprechende amtliche Pfändungstabellen entwickelt (siehe Seite 141). Diese Tabellen sollen die unterschiedlichen Lebensverhältnisse der Schuldner berücksichtigen und den entsprechenden pfändbaren und unpfändbaren Teil des Einkommens aufzeigen. Hier wird unterschieden zwischen Ledigen und Verheirateten sowie zwischen Schuldner mit und ohne unterhaltsberechtigte Kinder. Grundsätzlich ist der arbeitende Ehegatte gegenüber dem anderen Ehegatten immer unterhaltspflichtig. Arbeiten beide Ehegatten, so bleiben beide Ehegatten weiterhin untereinander zum Unterhalt verpflichtet. Allerdings gilt dies nicht uneingeschränkt. Bezieht eine gegenüber dem Schuldner unterhaltsberechtigte Person ein eigenes Einkommen, muss diese Person bei der Ermittlung des pfändbaren Betrages nur teilweise oder gar nicht berücksichtigt werden (§ 850c Abs. 4 ZPO). In einem förmlichen Verfahren würde dieser Umstand auf Antrag des Gläubigers beim Vollstreckungsgericht oder im Insolvenzverfahren beim Insolvenzgericht berücksichtigt werden. Da aber ein außergerichtlicher Einigungsversuch bereits zum Ziel – Einigung und Restschuldbefreiung – führen soll, kann und sollte man diesen Umstand bereits hier berücksichtigen.

Die Entscheidung, ob oder mit welchem Betrag das Einkommen des Unterhaltsberechtigten unberücksichtigt bleibt, ist in der Regel eine Ermessensentscheidung: Es sind keine festen Beträge vorgegeben, so dass die Entscheidung sich an den Gegebenheiten des

Einzelfalls orientieren muss. Man kann sich als Anhaltspunkt im außergerichtlichen Einigungsversuch an drei Sätzen orientieren:

- Ist das Einkommen des Unterhaltsberechtigten hinsichtlich der Höhe allein geeignet, den Unterhalt dieser Person zu bestreiten, ist diese Person bei der Berechnung des Einkommens nicht zu berücksichtigen.

III

- Reicht das Einkommen des Unterhaltsberechtigten allein nicht aus, den Unterhalt zu bestreiten, ergibt sich jedoch allein betrachtet ein pfändbarer Betrag, kann dieser Teil des Einkommens mit dem Einkommen des Schuldners zusammengerechnet werden und bei der Berechnung des pfändbaren Teils des Einkommens Berücksichtigung finden.

- Sind die Einkommen des Unterhaltsberechtigten nur unwesentlich, beispielsweise eine geringfügige Beschäftigung, ist diese Person bei der Berechnung des pfändbaren Einkommens voll zu berücksichtigen.

Neben dem Ehepartner sind bzw. können noch folgende Personen unterhaltsberechtigt sein:

- der frühere Ehegatte

- ein Verwandter

- die Mutter eines Kindes nach § 1615l und § 1615n BGB

- der Lebenspartner oder frühere Lebenspartner

Neben der Pfändungstabelle hat der Gesetzgeber für bestimmte einzelne Einkommensbestandteile noch zusätzlich Unpfändbarkeitsregelungen vorgesehen. Dabei gelten folgende Beträge regelmäßig als nur zum Teil oder nicht pfändbar:

- Nur in besonderen Ausnahmefällen sind das Kindergeld und das Wohngeld pfändbar.

- Unpfändbar sind das Arbeitslosengeld II, die Grundrente (nach dem Bundesversorgungs- oder Opferentschädigungsgesetz) und Leistungen aus der Pflegeversicherung.

- Das Erziehungsgeld ist unpfändbar (§ 54 Abs. 3 Nr. 2 SGB I).

- Das Elterngeld bis zur Höhe der anrechnungsfreien Beträge ist unpfändbar (§ 10 BEEG).

- Das Weihnachtsgeld ist nur bis zur Hälfte des monatlichen Arbeitseinkommens, höchstens aber bis zu einem Betrag von 500 Euro pfändbar (§ 850a ZPO).

- Das Urlaubsgeld ist unpfändbar (§ 850a ZPO).

- Aufwandsentschädigungen, Spesen für auswärtige Beschäftigungen, Gefahren- und Schmutzzulage sind unpfändbar.

- 50 % der Überstundenvergütungen sind unpfändbar.

III

Ist ein Betrag also nach dem Gesetz unpfändbar, muss dieser auch nicht bei der Zahlungsverteilung berücksichtigt werden.

Beispiel:

Zahlungsplan (tabellarisch)

Im Haushalt des zahlungsunfähigen Herrn Meier lebt mit ihm seine Ehefrau und ein unterhaltsberechtigtes Kind. Herr Meier ist Arbeitnehmer der Klotz GmbH und verdient monatlich ein Nettogehalt von 1 680 EUR. Dazu kommt noch das monatliche Kindergeld von 184 EUR. Frau Meier hat kein eigenes Einkommen. Herr Meier hat bisher folgenden Verteilungsplan erstellt:

Verteilungsplan

Gläubiger	Laufzeit in Monaten	Schuld- summe	Forderungs- quote
Rost Bank AG	72	10 125,– EUR	33,89 %
Kredit Bank	72	6 500,– EUR	21,76 %
Dr. Neumann	72	2 250,– EUR	7,53 %
Darlehen	72	3 500,– EUR	11,72 %
Finanzamt	72	7 500,– EUR	25,10 %

Bei der Feststellung des pfändbaren Teils des Einkommens ist festzustellen, dass hier zwei unterhaltsberechtigte Personen (Ehefrau und Kind) zu berücksichtigen sind. Das Kindergeld ist nicht zu berücksichtigen. Gemäß der amtlichen Pfändungstabelle ergibt sich ein pfändbares und somit verteilbares Einkommen i. H. v. 82 EUR. Es ergibt sich folgender Zahlungs- bzw. Vergleichsplan:

Gläubiger	(82 x Quote) x Laufzeit	Erfüllungs-betrag	Restschuld = Forderungs-verzicht
Rost Bank AG	(82 x 33,89 %) x 72	2 000,87 EUR	8 124,13 EUR
Kredit Bank	(82 x 21,76 %) x 72	1 284,71 EUR	5 215,29 EUR
Dr. Neumann	(82 x 7,53 %) x 72	444,57 EUR	1 805,43 EUR
Darlehen	(82 x 11,72 %) x 72	691,95 EUR	2 808,05 EUR
Finanzamt	(82 x 25,10 %) x 72	1 481,90 EUR	6 018,10 EUR

Nachdem der tabellarische Zahlungsplan erstellt ist, geht es nun daran zu überlegen, wie die zu leistenden Beträge an die einzelnen Gläubiger gezahlt werden sollen. Zur Auswahl stehen hier in aller Regel zwei Möglichkeiten. Zum einen die Zahlung in einer Summe, zum anderen die Ratenzahlung. Die Zahlung in einer Summe dürfte allerdings nur dann zur Anwendung kommen, wenn entweder der Schuldbetrag sehr gering ist oder der Schuldner Vermögensgegenstände veräußert hat und somit kurzfristig über einen höheren Geldbetrag verfügt. Ist dies nicht der Fall, dürfte meines Erachtens nur die Ratenzahlung in Betracht kommen.

Praxis-Tipp:

Über die Jahre der Zahlungsvereinbarungen ist es möglich, dass unvorhergesehene Dinge die vereinbarten Raten negativ oder auch positiv beeinflussen können. Damit solche Veränderungen nicht dazu führen, dass die Zahlungsvereinbarungen scheitern und somit keine Restschuldbefreiung eintritt, sollte eine entsprechende Anpassungsklausel im schriftlichen Zahlungsplan aufgenommen werden.

Die Anpassungsklausel sollte folgende Sachverhalte berücksichtigen:

■ Erhöht sich die Kinderzahl, mindert sich grundsätzlich der pfändbare Teil des Einkommens.

■ Tritt eine unverschuldete Arbeitslosigkeit ein, sollen die vereinbarten Raten ruhen, wenn der Schuldner seine Obliegenheiten (Bemühen um neue Anstellung) nachweislich erfüllt.

III

■ Die festgelegten Raten sind nur zu ändern, wenn die Einkommensveränderung mindestens 10 % vom bisherigen Nettolohn (Beginn der Insolvenzphase) beträgt (z. B. bei Lohnerhöhungen).

Ist der tabellarische Zahlungsplan fertig gestellt, muss man nun jedem einzelnen Gläubiger mitteilen, wie die Schulden ausgeglichen werden sollen und auf welchen Teil tatsächlich verzichtet werden muss. Gemeint ist der eigentliche Vergleichsvorschlag. Der Vorschlag sollte mindestens folgende Punkte beinhalten:

■ Tag der nachweislichen Zahlungsunfähigkeit

■ Höhe des pfändbaren Vermögens

■ Forderungsquote

■ Verzichtsbetrag

■ Art der Zahlung

■ Anpassungsklausel

Wichtig ist es dabei, dass man sich grundsätzlich an die im Verteilungs- und tabellarischen Zahlungsplan vorgeschlagenen Werte hält. Im schriftlichen Zahlungsplan darf es nicht zu einer abweichenden Berechnung oder zu abweichenden Angaben kommen.

Praxis-Tipp:

Die gesamten Unterlagen, welche dem Gläubiger übersandt werden müssen, sollten immer per Einschreiben oder Einschreiben mit Rückschein versandt werden. Nur dann können Sie nachweisen, dass der Gläubiger diese auch erhalten hat.

Um Missverständnisse zu vermeiden, sollte klar sein, dass ein außergerichtlicher Einigungsversuch auch dann durchgeführt werden muss, wenn nur ein Gläubiger vorhanden ist. Beim Insolvenzverfahren kommt es nämlich nicht auf die Anzahl der Gläubiger an, sondern nur auf die Tatsache der Zahlungsunfähigkeit. Am eigentlichen Verfahren ändert sich somit nichts. Das heißt, dass auch in einem solchen Fall alle bisher genannten Unterlagen erstellt bzw. erbracht werden müssen.

III

Wenn der Zahlungsplan erstellt ist, wird der Schuldner vielleicht feststellen, dass einige Forderungen aufgrund der nur geringen Forderungsquote betragsmäßig sofort ausgeglichen werden können. Sind ausreichende Mittel vorhanden, sollte man diesen sofortigen Ausgleich auch vornehmen. Dies hat den Vorteil, dass man bei der Planbefriedigung den Überblick behält, da in der Zahlungsphase nur noch die Gläubiger mit hohen Forderungen monatlich befriedigt werden müssen. Man sollte auch beachten, dass sich aufgrund der sofortigen Zahlung die Forderungsquoten nicht zugunsten der anderen Gläubiger verändern dürfen. Würde eine Veränderung durchgeführt, würde dies zu einer objektiven Benachteiligung der sofort ausgeglichenen Gläubiger führen. Entsprechend erhöht sich das dem Schuldner monatlich verbleibende Einkommen.

Beispiel:

Vorheriger Ausgleich kleiner Forderungen nach Forderungsquote

Der Insolvenzschuldner Peter Petersen hat gemäß des tabellarischen Zahlungsplans für seine Gläubiger folgende Forderungsquoten ermittelt:

Müller Bank	63 %
Finanzamt Bochum	27 %
Firma Groß	7 %
Firma Franken	3 %
	100 %

Der monatlich pfändbare Betrag beläuft sich derzeit auf 200 EUR. Aufgrund seiner Ermittlungen würde die Firma Groß insgesamt 215 EUR und die Firma Franken 180 EUR erhalten.

Da diese Forderungen für eine Ratenzahlung zu gering sind, möchte Petersen diese Forderungen zu Beginn des Verfahrens sofort ausgleichen. Eine sofortige Zahlung würde sich wie folgt auswirken.

Gläubiger	Quote ...	... von 200 EUR ohne vorherige Zahlung	... von 200 EUR nach Zahlung
Müller Bank	63 %	126,– EUR	126,– EUR
Finanzamt Bochum	27 %	54,– EUR	54,– EUR
Firma Groß	7 %	14,– EUR	0,– EUR
Firma Franken	3 %	6,– EUR	0,– EUR
monatliche Belastung		**200,– EUR**	**180,– EUR**

Gleicht Petersen die beiden geringen Forderungen sofort aus, so vermindert sich die monatliche Belastung um 20 EUR.

III

Wird ein Sofortausgleich vorgenommen, ist der schriftliche Zahlungsplan zusätzlich mit einer Verzichtserklärung (siehe Musterbrief Seite 135) zu versehen, da diese Gläubiger in der Regel nicht mehr bis zum Ablauf des sechsjährigen Zahlungszeitraums am Verfahren beteiligt sind. Die Verzichtserklärung muss neben den Punkten des schriftlichen Zahlungsplans zusätzlich folgende Punkte enthalten:

- Eigentliche Verzichtserklärung

- Sicherungsklausel für den Gläubiger

- Vereinbarung darüber, dass der Gläubiger eventuelle vollstreckbare Schuldtitel herausgibt, löschungsfähige Quittungen für das Schuldnerverzeichnis erstellt und einen Erledigungsvermerk an die SCHUFA sendet

Die Verzichtserklärung ist in zweifacher Ausfertigung dem Gläubiger zuzustellen, da dieser eine Ausfertigung unterschrieben an den Schuldner zurücksenden muss. Die Sicherungsklausel dient als

Schutz für den Gläubiger, da die Verzichtserklärung zu Beginn des Verfahrens erteilt wird. Erfolgt keine Einigung mit den anderen Gläubigern, sind die Rechte des Gläubigers auf Erfüllung seiner Gesamtforderung gewahrt.

Was ist mit Steuerschulden?

III

Auch Steuerschulden gehören zu den Verbindlichkeiten, die von der Restschuldbefreiung erfasst werden. Ein Einigungsversuch wird seitens des Finanzamts als ein Antrag auf den Erlass von Steuerschulden geprüft. Die hier gestellten Anforderungen sind zwar hoch, aber es wäre falsch zu behaupten, dass das Finanzamt sich nie auf einen außergerichtlichen Einigungsversuch einlässt. Da es sich bei der Entscheidung des Finanzamts um eine Ermessensentscheidung handelt, gibt es auch keine besondere Regel, bei der man sagen könnte, hier wird das Finanzamt dem Einigungsversuch positiv entsprechen. Grundsätzlich sollte der übersandte Einigungsversuch so kompakt und vollständig sein, dass das Finanzamt in die Lage versetzt wird, den Antrag sinnvoll zu prüfen.

Neben dem eigentlichen Erlassantrag bestehen insbesondere hier Möglichkeiten, die Gesamtverbindlichkeiten zu mindern. Dies ist insbesondere dann interessant, wenn man dadurch die Befriedigungsquote der Gläubiger steigern kann, in dem man die Höhe der Gesamtforderungen mindert. Die Bearbeitung der nachfolgenden Punkte kann zur Minderung der Steuerschulden beitragen:

- Berichtigung geschätzter Steuerbescheide
- Erlass von 50 % der angefallenen Säumniszuschläge
- Aufteilung der Einkommensteuerschulden

Berichtigung geschätzter Steuerbescheide

Insbesondere ehemalige Selbstständige haben oft im Zusammenhang mit dem Zusammenbruch ihrer Tätigkeit keine Steuererklärungen mehr abgegeben. Dies führt in der Regel dazu, dass die fehlenden Besteuerungsgrundlagen im Wege der Schätzung ermittelt wurden. Dies ist auch zulässig. In den meisten Fällen liegen die Schätzungsbeträge weit über dem tatsächlichen Einkommen.

Das bedeutet aber auch, dass die geforderten Steuerbeträge weit über dem tatsächlichen Maß liegen. Es bietet sich also an, die geschätzten Steuerbescheide zu berichtigen oder berichtigen zu lassen.

Erlass von 50 % der angefallenen Säumniszuschläge

Wenn eine Forderung des Finanzamts nicht am Tag ihrer Fälligkeit ausgeglichen wird, entstehen Säumniszuschläge i. H. v. 1 % der Steuerforderung. Diese Verzinsung erfolgt pro Kalendermonat.

Die Säumniszuschläge haben nach ihrer Ausrichtung zur Hälfte Zins- und zur anderen Hälfte Strafcharakter. Die 0,5 % des Strafcharakters können durch das Finanzamt erlassen werden. Nach Finanzrechtsprechung läuft die Bestrafung nämlich dann fehl, wenn der Steuerschuldner aufgrund seiner Zahlungsunfähigkeit nicht in der Lage ist, die Steuern rechtzeitig auszugleichen.

Der Erlass der Säumniszuschläge muss bei dem zuständigen Finanzamt schriftlich beantragt werden. Dabei ist der Beginn der Zahlungsunfähigkeit durch geeignete Unterlagen nachzuweisen. Dies können beispielsweise Vollstreckungsbescheide oder -handlungen anderer Gläubiger sein.

Übrigens, der Antrag kann unabhängig von dem Einigungsversuch gestellt werden. Über den Erlass der Säumniszuschläge wird dann auch gesondert entschieden.

Aufteilung der Einkommensteuerschulden

Werden Ehegatten zur Einkommensteuer zusammen veranlagt, haften sie nach § 44 AO auch gemeinschaftlich für die festgesetzten Einkommensteuern. Kommt es zu einer Nachzahlung, kann das Finanzamt gleichermaßen gegen den Ehemann oder die Ehefrau Vollstreckungsmaßnahmen ausbringen. Dies gilt auch, wenn der eine Ehegatte keine eigenen Einkünfte hatte. Diese Regelung stößt oft auf Unverständnis bei den Ehegatten. Letztendlich ist das Unverständnis allerdings unberechtigt, wenn man berücksichtigt, dass die Ehegatten vom Splittingtarif für Ehegatten profitieren.

III

Beispiel:

Gesamtschuldnerschaft der Einkommensteuer

Die Ehegatten Jörg und Barbara Frisch werden zusammen zur Einkommensteuer veranlagt. Im Jahre 2009 werden gegen die Ehegatten Einkommensteuern i. H. v. 1 000 EUR nachträglich festgesetzt. Die nachträgliche Festsetzung begründet sich auf die berufliche Tätigkeit des Ehemanns. Zwischenzeitlich ist Herr Frisch allerdings erwerbslos und hat kein eigenes Einkommen mehr. Frau Frisch ist Arbeitnehmerin und hat ein monatliches Nettoeinkommen von 1 400 EUR.

Obwohl die Steuerschulden aufgrund der beruflichen Tätigkeit des Ehemanns entstanden sind, kann das Finanzamt Vollstreckungsmaßnahmen gegen die Ehefrau ausbringen. Steuerrechtlich schulden die Ehegatten gemeinsam die Einkommensteuer in voller Höhe.

Das Vorgenannte gilt allerdings für Steuerschulden nicht uneingeschränkt. Zwar sind die Ehegatten grundsätzlich Gesamtschuldner, jedoch hat der Gesetzgeber Schuldbefreiungsvorschriften ins Gesetz eingebracht. Diese Schuldbefreiungsvorschriften sollen dafür Sorge tragen, dass tatsächlich nur der Ehegatte für die Steuern haften muss, die er selbst verursacht hat. Es handelt sich hierbei um das Institut des Aufteilungsbescheides. Damit in solchen Fällen also nicht der eine Ehegatte für die Forderungen gegen den anderen Ehegatten haften muss, ermöglicht die AO über § 268 ff. eine Aufteilung der Gesamtschuld. Die Aufteilung der Gesamtschuld führt zu dem Ergebnis, dass bei den zusammen veranlagten Ehegatten nachträglich eine getrennte Veranlagung nach der Maßgabe des § 26a EStG auf der Grundlage des ursprünglichen Steuerbescheides durchgeführt wird. Die sich daraus für jeden Ehegatten ergebenden Steuerschulden werden dann entsprechend bei dem jeweiligen Ehegatten vollstreckt (§ 270 Satz 1 AO).

Beispiel:

Aufteilung der Steuerschulden

Die Ehegatten Fritz wurden zur Einkommensteuer 2009 zusammen veranlagt. Aufgrund der Festsetzung im März 2010 müssen die Fritzens noch 1 250 EUR an das Finanzamt abführen. Während des ganzen Jahres 2009 war Frau Fritz Hausfrau und hatte keine eigenen Einkünfte. Herr Fritz hatte einen Gewerbebetrieb, auf den sich die Steuerzahlungen begründen.

Da die Eheleute Fritz 2009 zur Einkommensteuer zusammen veranlagt wurden, haften sie für die 1 250 EUR nach § 44 Abs. 1 AO gesamtschuldnerisch. Beantragt Frau Fritz nun für die Einkommensteuer 2009 eine Aufteilung der Gesamtschuld, wird sie – da sie keine Einkünfte hatte – von der Steuerschuld durch einen Aufteilungsbescheid befreit. Herr Fritz haftet somit allein für die rückständigen Steuern i. H. v. 1 250 EUR.

III

Nebeneffekt der Aufteilung ist allerdings, dass der günstige Splittingtarif wegfällt. Das heißt, dass die höhere Grundtabelle bei der Berechnung des Aufteilungsbescheids zur Anwendung kommt. Das kann beispielsweise dazu führen, dass zwar der insolvierende Schuldner von seiner Steuerschuld befreit, der nicht insolvierende Ehegatte mit einer erhöhten Nachzahlung belastet wird.

Praxis-Tipp:

Der Antrag auf Aufteilung der Einkommensteuerschuld kann frühestens nach Bekanntgabe des Steuerbescheides erfolgen. Eine vorher beantragte Aufteilung ist unzulässig und wird nicht berücksichtigt (§ 269 Abs. 2 AO).

Dabei sollten Sie Folgendes beachten: Beantragen Sie die Aufteilung erst *nach* der Einleitung von Vollstreckungsmaßnahmen durch das Finanzamt, werden lediglich die zu diesem Zeitpunkt noch rückständigen Steuerbeträge aufgeteilt.

Die Aufteilung der Steuerschulden ist von den Ehegatten bei dem zuständigen Finanzamt schriftlich oder zur Niederschrift zu beantragen, übrigens, auch ohne das Einverständnis des Ehepartners.

Zustimmung aller Gläubiger

Stimmen alle Gläubiger dem außergerichtlichen Einigungsversuch zu, so kann das Verfahren nur noch scheitern, wenn der Schuldner die Gläubiger nicht gemäß dem Zahlungsplan befriedigt, wenn er gegen die Obliegenheitspflichten des § 295 InsO (siehe Seite 35) oder sonstige Vereinbarungen des Plans verstößt.

III Damit es letztendlich zu einer außergerichtlichen Restschuldbefreiung wegen Verzichts der Gläubiger kommt, sollte gewährleistet sein, dass die Zahlungen immer pünktlich und in voller Höhe bei allen Gläubigern eingehen.

Grundsätzlich bestehen drei Möglichkeiten, dieses zu gewährleisten:

- durch einen Haushaltsplan
- durch direkte Lohnabtretungen
- durch Einschaltung einer Person des Vertrauens

Einsatz einer Person des Vertrauens

Eine vertraute Person kann bei der Rückführung der Schulden und bei der Einhaltung des Planes recht hilfreich sein. Insbesondere bei der moralischen Unterstützung während der langen Wohlverhaltensphase.

Auch bei der Einhaltung des Zahlungsplans könnte es sinnvoll sein, eine solche Person mit der Durchführung der Zahlungen zu beauftragen. Dies gilt insbesondere für die Haushalte, die nicht so gut organisiert sind oder sich selbst nicht gut organisieren können.

Allerdings sollte man in Geldangelegenheiten sich die ausgewählte Person genau anschauen. Hilfsangebote gibt es immer viele, aber nicht jedes ist auch geeignet.

Praxis-Tipp:

Der Einsatz einer Person des Vertrauens zur Sicherung der vereinbarten Zahlungen ist empfehlenswert.

Gerichtliches Einigungsverfahren

IV

Grundsätzliches

Ist der außergerichtliche Einigungsversuch trotz aller Bemühungen gescheitert, geht es jetzt darum, das gerichtliche Einigungsverfahren durch den Schuldner anzustreben. Ab diesem Zeitpunkt ist es notwendig – aber nicht zwingend –, dass der Schuldner sich in die Hände einer geeigneten und nach Landesrecht zugelassenen Stelle begibt (siehe Seite 82). Aufgabe der zu Hilfe geeigneten Stellen oder Personen ist es, den Schuldner bei der Erstellung des Schuldenbereinigungsplans und der notwendigen Unterlagen für das Insolvenzgericht zu unterstützen und zu bescheinigen, dass der außergerichtliche Einigungsversuch mit den Gläubigern gescheitert ist. Fehlt die Bescheinigung über das Scheitern des Einigungsversuchs oder war die Person oder Stelle zur Ausstellung nicht berechtigt, so kann das Gericht den Antrag zurückweisen. Als geeignete Stelle im Sinne der InsO sind beispielsweise die Schuldnerberatungsstellen anzusehen. Neben den Schuldnerberatungsstellen können aber auch Verbraucherberatungen, Rechtsanwälte oder Schiedsleute geeignet sein. Die einzelnen Bundesländer führen hierüber entsprechende Listen.

Beispiel:

Hilfe durch ungeeignete Stelle

Der Schuldner Hans Hansen möchte sich in seinem gerichtlichen Einigungsverfahren nur von seinem Freund vertreten lassen. Der Freund ist aber nach Landesrecht nicht zugelassen. Nach Prüfung der Unterlagen weist das Gericht den Antrag zurück, da die von einer geeigneten Stelle ausgestellte Bescheinigung über das Scheitern des Einigungsversuchs fehlt.

Die Abweisung ist berechtigt, da das Gericht nur Bescheinigungen anerkennen muss, die von Personen oder Stellen nach § 305 Abs. 1 Nr. 1 InsO ausgestellt ist. Der Schuldner kann seinen Antrag dann wieder vorlegen, wenn er diese Voraussetzung erfüllt.

Praxis-Tipp:

Da nur nach Landesrecht zugelassene Personen Sie im gerichtlichen Verfahren vertreten dürfen, sollten Sie sich die Zulassung der entsprechenden Stellen oder Personen vorlegen lassen. Wissen Sie nicht, an wen man sich wenden kann, können Sie Anschriften geeigneter Stellen bei folgenden Stellen erfragen: bei Insolvenzgerichten, Verbraucherzentralen der Länder (Anschriften siehe Seite 126), Sozialämter, ARGE Schuldnerberatung, Jugendämter, Bundesarbeitsgemeinschaft Schuldnerberatung e. V., Rechtsanwälten oder Steuerberatern.

IV

Das gerichtliche Verfahren ist innerhalb von sechs Monaten nach Ablehnung des außergerichtlichen Einigungsversuchs beim Insolvenzgericht einzuleiten bzw. zu beantragen (§ 305 Abs. 1 Nr. 1 InsO). Wird der Termin überschritten, ist ein neues Verfahren durchzuführen. Der Schuldner sollte also darum bemüht sein, möglichst schnell und unverzüglich den Eröffnungsantrag bei Gericht vorzulegen.

Beispiel:

Vorlage des Eröffnungsantrags nach Ablauf der Frist

Die Gläubiger der Klara Klein haben den gerichtlichen Einigungsversuch abgelehnt. Die letzte Ablehnung traf am 15.2.2010 bei der Schuldnerin ein. Da Frau Klein etwas schludrig mit ihren Unterlagen umgegangen ist, legt sie den Eröffnungsantrag erst am 5.10.2010 beim Insolvenzgericht vor.

Das Insolvenzgericht wird diesen Antrag zurückweisen, da dieser außerhalb der Frist von sechs Monaten vorgelegt wurde. Gemäß § 305 Abs. 1 Nr. 1 InsO hätte der Antrag bis zum 15.8.2010 vorliegen müssen. Möchte Frau Klein eine Restschuldbefreiung erfahren, muss sie das Verfahren nochmals mit dem außergerichtlichen Einigungsversuch beginnen.

IV

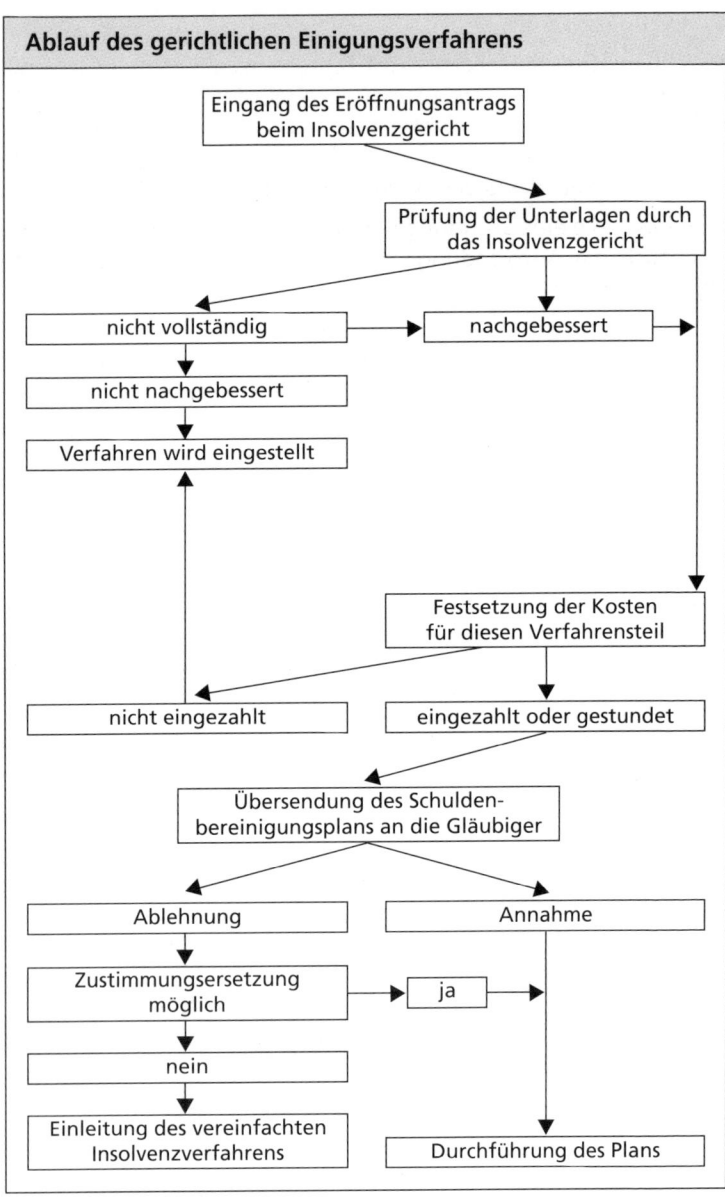

Ablauf des gerichtlichen Einigungsverfahrens

Eingang des Eröffnungsantrags beim Insolvenzgericht

Prüfung der Unterlagen durch das Insolvenzgericht

nicht vollständig → nachgebessert

nicht nachgebessert

Verfahren wird eingestellt

Festsetzung der Kosten für diesen Verfahrensteil

nicht eingezahlt — eingezahlt oder gestundet

Übersendung des Schuldenbereinigungsplans an die Gläubiger

Ablehnung — Annahme

Zustimmungsersetzung möglich → ja

nein

Einleitung des vereinfachten Insolvenzverfahrens

Durchführung des Plans

Vertretungszwang

In gerichtlichen Verfahren selbst besteht kein Vertretungszwang. Das heißt, dass sich der Schuldner auch selbst aktiv an dem Verfahren beteiligen kann. Ob das eine gute Lösung ist, hängt mehr oder weniger von der Einfachheit des Verfahrens ab. Je komplizierter die Vermögenslage, desto eher würde ich zu einer Vertretung raten.

Schuldner, die eine Stundung der Verfahrenskosten erhalten, können auch die Aufwendungen für einen Rechtsbeistand gestundet bekommen, sofern das Insolvenzgericht dies für notwendig erachtet.

Der Schuldner kann sich aber auch von einem Rechtsanwalt, einer Schuldner- oder Verbraucherberatung vertreten lassen. Letzteres allerdings nur, wenn es sich hierbei um eine geeignete Stelle im geforderten Sinne handelt.

IV

Eröffnungsantrag stellen

Das gerichtliche Verfahren beginnt mit dem eigentlichen Eröffnungsantrag. Anders als beim außergerichtlichen Einigungsverfahren gilt beim gerichtlichen Verfahren ein Formularzwang. Das heißt, es sind die vom Insolvenzgericht vorgesehenen Formulare zu verwenden. Die entsprechenden Formulare liegen in der Regel den Schuldnerberatungen und Verbraucherverbänden vor.

Gemäß § 305 Abs. 1 InsO besteht ein kompletter Eröffnungsantrag aus folgenden Komponenten:

- Eröffnungsantrag selbst

- Bescheinigung, die von einer geeigneten Person oder Stelle ausgestellt ist und aus der sich ergibt, dass eine außergerichtliche Einigung mit den Gläubigern über die Schuldenbereinigung auf der Grundlage eines Planes (Zahlungsplans) innerhalb der letzten sechs Monate vor dem Eröffnungsantrag erfolglos versucht worden ist. Die wesentlichen Gründe für das Scheitern sind darzulegen

- Antrag auf Restschuldbefreiung gemäß § 287 InsO

- Vermögensverzeichnis über das vorhandene Vermögen und Einkommen

- Zusammenfassung des wesentlichen Inhalts des vorgenannten Verzeichnisses (Vermögensübersicht)

- Verzeichnis der Gläubiger und deren rechtmäßig an den Schuldner gerichteten Forderungen

- Dem Vermögens- und Gläubigerverzeichnis ist eine Erklärung beizufügen, dass die Angaben richtig und vollständig sind.

- Schuldenbereinigungsplan. Dieser Schuldenbereinigungsplan kann alle Regelungen enthalten, die unter Berücksichtigung der Gläubigerinteressen sowie der Vermögens-, Einkommens- und Familienverhältnisse des Schuldners geeignet sind, zu einer angemessenen Schuldenbereinigung zu führen. Des weiteren ist in den Plan aufzunehmen, ob und inwieweit Bürgschaften, Pfandrechte und andere Sicherheiten der Gläubiger vom Plan berührt werden sollen.

- Einen Antrag auf Stundung der Verfahrenskosten, falls dieses in Betracht gezogen wird (vgl. Stundung Seite 14)

Wurden die oben geforderten Unterlagen nicht komplett oder nur unzureichend dem Insolvenzgericht vorgelegt, so erhält der Schuldner eine Nachfrist zur Nachbesserung. Die Nachbesserungsfrist beträgt nach § 305 Abs. 3 Satz 2 InsO einen Monat; im Fall des § 306 Abs. 3 Satz 3 InsO beträgt die Frist drei Monate. Sollte innerhalb dieser Frist keine Nachbesserung vorgenommen werden, gilt der Antrag für das Insolvenzgericht als zurückgenommen. Die Frist sollte somit auch hier unbedingt gewahrt werden. Sollte man zur Beschaffung von Unterlagen mehr als einen Monat benötigen, empfiehlt es sich, einen Fristverlängerungsantrag unter Angabe des Verzögerungsgrundes an das Insolvenzgericht zu richten. Das Insolvenzgericht wird in der Regel solchen Anträgen stattgeben, wenn die Gründe für die Verzögerung nicht beim Schuldner selbst liegen.

Beispiel:

Fristverlängerung wegen Verzögerung der Nachbesserung

Dieter Müller hat beim Insolvenzgericht seinen Eröffnungsantrag eingereicht. Nach Prüfung der Unterlagen stellt das Insolvenzgericht fest, dass die Lohnbescheinigung des Arbeitgebers von Dieter Müller fehlt. Das Insolvenzgericht fordert Herrn Müller auf, diese innerhalb eines Monats nachzureichen. Herr Müller setzt sich daraufhin mit seinem Arbeitgeber in Verbindung. Dieser teilt ihm mit, dass der Buchhalter für drei Wochen in Urlaub ist und erst nach dessen Rückkehr eine Ausstellung der Bescheinigung möglich ist.

Herr Müller sollte daraufhin beim Insolvenzgericht eine Fristverlängerung beantragen, da er aus Gründen, die er nicht verantworten kann – Urlaub des Buchhalters –, die Lohnbescheinigung wahrscheinlich nicht rechtzeitig vorlegen kann.

IV

Praxis-Tipp:

Besteht die Gefahr, dass die angeforderten Unterlagen zur Nachbesserung nicht rechtzeitig beim Insolvenzgericht eintreffen, sollte immer ein Fristverlängerungsantrag gestellt werden.

Liegt ein kompletter Antrag vor, beginnt nun das eigentliche gerichtliche Vergleichsverfahren.

Wichtig: Bei dem Eröffnungsantrag selbst handelt es sich nur um einen sogenannten Mantelbogen. Er umfasst im Wesentlichen nur den Anschriftenteil, das Anhangverzeichnis und den Personalbogen. Auch hier gilt es, die Angaben möglichst genau zu machen. Dies gilt insbesondere für die persönlichen Daten. Zu dem Mantelbogen gehören u. a. noch folgende Vordrucke:

Bescheinigung über das Scheitern des Einigungsversuchs

- Antrag auf Erteilung der Restschuldbefreiung
- Vermögensverzeichnis des Schuldners
- Gläubiger- und Forderungsübersicht
- Schuldenbereinigungsplan
- chronologischer Zahlungsplan

Bescheinigung über das Scheitern des außergerichtlichen Einigungsversuches

Wie bereits beschrieben, kann ein gerichtliches Einigungsverfahren grundsätzlich erst aufgenommen werden, wenn der Schuldner einen außergerichtlichen Einigungsversuch unternommen hat und dieser gescheitert ist. Entsprechend dieser Forderung lässt sich das Insolvenzgericht das Vorliegen dieser Voraussetzung zu Beginn des Verfahrens bescheinigen. Eine solche Bescheinigung kann aber aufgrund der gesetzlichen Vorschrift nur von einer nach Landesrecht geeigneten Stelle oder Person erteilt werden. Der Schuldner ist demnach gezwungen, sich diesbezüglich an eine solche Person oder Stelle zu wenden. Dies gilt auch dann, wenn von allen Gläubigern schriftliche Ablehnungen vorliegen. Fehlt diese Bescheinigung oder ist sie nicht von dem geforderten Personenkreis erstellt, wird das Gericht das Verfahren nicht weiter bearbeiten und zur Nachbesserung auffordern (siehe oben zum Begriff der Nachbesserung).

Hat sich während des außergerichtlichen Einigungsversuchs ein Gläubiger geweigert, an dem Verfahren teilzunehmen oder dem Schuldner die Ablehnung schriftlich zu bestätigen, kann dies nicht dazu führen, dass das Verfahren mangels fehlender Ablehnung nicht eröffnet wird. In einem solchen Fall sollte zu der Bescheinigung noch ein entsprechender Vermerk über den Sachverhalt gefertigt werden. Als Nachweis für den von Ihnen unternommenen Versuch ist das Anschreiben mit dem dazugehörigen Einschreibebeleg dem Vermerk beizufügen. Das Insolvenzgericht kann anhand dieser Unterlagen erkennen, dass der Gläubiger zumindest am außergerichtlichen Einigungsverfahren beteiligt worden ist.

Beispiel:

Gläubiger hat nicht am außergerichtlichen Einigungsversuch teilgenommen

Die Firma Kleinmann ist Gläubiger des Schuldners Friederich Jung. Im Rahmen des außergerichtlichen Einigungsversuchs übersandte Jung der Firma Kleinmann am 20.3.2010 einen Schuldenbereinigungsplan per Einschreiben mit Rückschein zu. Trotz mehrmaliger Aufforderungen ist die Firma Kleinmann bisher nicht bereit gewesen, zu dem Plan Stellung zu nehmen. In seinem letzten Schreiben forderte Herr Jung die Firma nochmals auf, bis zum 3.6.2010 eine Entscheidung mitzuteilen. Auf seinen per Einschreiben versandten Brief erhielt er aber keine Antwort. Wegen der fehlenden Zusage ist Herr Jung nun gezwungen, ein gerichtliches Verfahren zu beantragen.

Obwohl die Ablehnung des Gläubigers Firma Kleinmann fehlt, kann dennoch das gerichtliche Verfahren beantragt werden. Hierbei ist bezüglich des Verhaltens des Gläubigers ein zusätzlicher Vermerk zu fertigen. Die einzelnen Maßnahmen des Schuldners sind durch Kopien der Schreiben und Einschreibennachweise zu belegen.

IV

Praxis-Tipp:

Sie sollten grundsätzlich jeden Schriftverkehr mit den Gläubigern aufbewahren. Jeder dieser Briefe sollte nach Möglichkeit mindestens per Einschreiben versandt werden. Je kompletter Ihre Unterlagen, desto eher können Sie geforderte Nachweise bzw. Beweise dem Insolvenzgericht vorlegen.

Ein außergerichtlicher Einigungsversuch wird auch als gescheitert angesehen, wenn ein Gläubiger die Zwangsvollstreckung fortgeführt hat, obwohl ihm der für den Einigungsversuch erstellte außergerichtliche Schuldenbereinigungsplan vorgelegen hat. In diesem Fall kann man unabhängig von den Antwortschreiben der anderen Gläubiger den Eröffnungsantrag beim Gericht vorlegen. In solchen Fällen wird allerdings verlangt, dass eine entsprechende Stellungnahme vom Schuldner bzw. von der geeigneten Stelle oder Person abgegeben wird. Im Prinzip ist glaubhaft darzustellen, dass trotz des Vorliegens des ausgearbeiteten Plans beim Gläubiger dieser eine Zwangsvollstreckung eingeleitet hat.

> **Beispiel:**
>
> **Pfändung nach Planzugang**
>
> Peter Meier hat mit seiner Schuldnerberatungsstelle einen Schuldenbereinigungsplan für seinen außergerichtlichen Einigungsversuch erarbeitet. Diesen Plan übersendet er u. a. an das Finanzamt, welches im Verfahren als Gläubiger auftritt. Nachdem dem Finanzamt der Plan zugegangen ist, pfändet dieses den Lohn des Herrn Meier.
>
> Aufgrund der Pfändung kann Herr Meier davon ausgehen, dass der außergerichtliche Einigungsversuch seitens des Finanzamts als gescheitert angesehen wird. Durch die Pfändung kann unterstellt werden, dass das Finanzamt dem Plan nicht zustimmen will.

IV

Das Vermögensverzeichnis

Ähnlich wie beim außergerichtlichen Einigungsversuch ist auch für das gerichtliche Verfahren ein Vermögensverzeichnis zu erstellen. Dieses Vermögensverzeichnis unterscheidet sich grundsätzlich nicht von dem beim außergerichtlichen Verfahren, jedoch gilt hier der Vordruckzwang. Das geforderte Vermögensverzeichnis gliedert sich in zwei Teile:

- Einkommensverzeichnis und
- Vermögensverzeichnis

Im Gegensatz zu dem außergerichtlichen Verfahren sind im gerichtlichen Verfahren die gemachten Angaben zu belegen. So sind beispielsweise folgende Angaben wie folgt zu belegen:

- Haus- und Grundbesitz mit notariellem Vertrag (soweit vorhanden, Grundbuchauszug)
- Fahrzeuge mit dem Fahrzeugbrief
- Lebensversicherungen mit den Verträgen
- Sparguthaben mit den Sparbüchern
- Arbeitseinkommen mit der Gehaltsbescheinigung
- Sozialhilfe oder Arbeitslosengelder mit den Leistungsbescheiden
- Renten mit dem Rentenbescheid

Sind weitere oder andere Einkommens- oder Vermögensbestandteile vorhanden, sind auch diese grundsätzlich zu belegen.

Achtung: Ist das Verzeichnis unvollständig oder werden Vermögensteile oder Einkommen verschwiegen, wird dies nicht zur Restschuldbefreiung führen. Das Insolvenzgericht wird wegen der falschen Angaben das Verfahren einstellen.

Sollte es dennoch vorkommen, dass man unabsichtlich etwas vergessen hat, ist dies umgehend dem Insolvenzgericht mitzuteilen und der Vermögensteil bzw. das Einkommen nachzumelden.

IV

Das Gläubigerverzeichnis mit Forderungsaufstellung

Das Gläubigerverzeichnis unterscheidet sich nicht – abgesehen vom Formularzwang – von dem Verzeichnis, welches man bereits für den außergerichtlichen Einigungsversuch (vgl. Ausführungen zum Gläubigerverzeichnis Seite 49) zusammengestellt hat. Allerdings sollte man beachten, dass zwischen der Erstellung des ersten Gläubigerverzeichnisses und der Forderungsaufstellung bereits einige Zeit vergangen sein wird. Man sollte daher das Verzeichnis überprüfen und bei Bedarf aktualisieren.

Beispiel:

Aktualisierung des Gläubigerverzeichnisses

In Januar 2010 hatte der Schuldner Ludwig Köster einen außergerichtlichen Einigungsversuch mit seinen Gläubigern versucht. Zu diesem Zwecke hatte er damals, im Dezember 2009, ein Gläubiger- und Forderungsverzeichnis erstellt. Im März 2010 wurde der außergerichtliche Vergleich von einigen Gläubigern zurückgewiesen. Nun möchte Ludwig Köster das gerichtliche Einigungsverfahren beantragen. Im Januar 2010 hatte sich Herr Köster noch einige Sachen bei dem Versandhaus Klögge bestellt und bisher noch nicht bezahlen können. Diese Forderung bzw. dieser Gläubiger ist noch nicht im Gläubigerverzeichnis geführt, obwohl das Versandhaus am Verfahren beteiligt wurde.

Bei der Erstellung des Gläubiger- und Forderungsverzeichnisses für das gerichtliche Verfahren muss Herr Köster sein bishe-

> riges Gläubigerverzeichnis um die Firma Klögge ergänzen. Erfolgt dies nicht, wird das Gericht hier später eine Nachbesserung verlangen. Diese Nachbesserung wird entsprechend zur Verzögerung des gerichtlichen Einigungsverfahrens führen.

IV

Ist das Gläubiger- und Forderungsverzeichnis komplett erstellt, sollte nochmals eine Prüfung bezüglich der Richtigkeit und Verjährung der Forderungen (vgl. auch hierzu Ausführungen auf Seite 50) erfolgen. Denn nur die Forderungen, die tatsächlich berechtigt sind, sollen im gerichtlichen Verfahren später eine Berücksichtigung finden. Werden die Forderungen bestritten, muss der Schuldner dem Insolvenzgericht darlegen, warum er die Forderung bestreitet und in welcher Höhe diese Forderung tatsächlich valutiert. Im gerichtlichen Verfahren muss der Gläubiger nun dem Gericht darlegen, wieso seine vom Schuldner bestrittene Forderung zu Recht besteht. Entsprechend ergibt sich für den Schuldner hier eine Vereinfachung, da das Insolvenzgericht prüft, ob eine Berücksichtigung der Forderung im Verfahren vorzunehmen ist.

Insbesondere folgende Forderungen brauchen in diesem Zusammenhang vom Schuldner nicht anerkannt werden:

- Kosten für die Anforderung der Forderungsaufstellungen der Gläubiger, wenn diese dem Schuldner in Rechnung gestellt wurden

- Kosten für Zwangsvollstreckungsmaßnahmen, wenn es sich bei der Maßnahme um eine wiederholte erfolglose Vollstreckung gehandelt hat

- Kosten für eine Zwangsvollstreckung, die ohne Erfolg blieb, und wenn bekannt war, dass Sie ein Verbraucherinsolvenzverfahren einleiten werden

- Zusätzliche Mahngebühren, Kontoführungsgebühren, Schreib- und Kopierkosten der Gläubiger während des außergerichtlichen Einigungsverfahrens

- Zusätzliche Mahngebühren, Kontoführungsgebühren, Schreib- und Kopierkosten, wenn mit dem Gläubiger pauschalierte Verzugszinsen vereinbart waren

- Zusätzliche Inkassokosten, die im Vergleichsverfahren entstanden sind. Dazu gehören auch in diesem Zusammenhang entstandene Rechtsanwaltskosten der Gläubiger

Beispiel:

Nicht anzuerkennende Gebühren durch den Gläubiger

In ihrer Forderungsaufstellung fordert die Franken Bank vom Schuldner Dieter Wuttke folgende Aufwendungen: Mahngebühren 75 EUR, Schreib- und Kopierauslagen 25 EUR, Kontoführungsgebühren 33 EUR und sonstige Bearbeitungskosten 15 EUR. Neben diesen Kosten fordert die Bank noch die entstandenen und vereinbarten pauschalierten Verzugszinsen in Höhe von 33 EUR monatlich.

Herr Wuttke muss nur die entstandenen pauschalierten Verzugszinsen als Forderung anerkennen. Alle weiteren Aufwendungen gehen zu Lasten der Bank, da ebendiese pauschalierten Verzugszinsen vereinbart worden sind. Der Sachverhalt ist entsprechend mit der Erläuterung in das Forderungsverzeichnis aufzunehmen. Die Forderung der Franken Bank vermindert sich somit um 148 EUR.

IV

Wie man sehen kann, kann es sich zugunsten der Insolvenzmasse lohnen, jede einzelne Forderungsposition auf ihre Richtigkeit hin zu prüfen.

Neben dem Gläubiger- und Forderungsverzeichnis sind die entsprechenden Rechnungen, Verträge, Kündigungsschreiben etc. beizulegen. Auch hier gilt, je kompletter die Unterlagen, desto schneller kann das Insolvenzgericht den Fall bearbeiten. Man erspart sich hierbei einige Rückfragen und somit Schriftverkehr und Zeit.

Praxis-Tipp:

Stellen Sie dem Insolvenzgericht alle im Forderungsverzeichnis aufgeführten Forderungsgrundlagen (Rechnungen, Verträge usw.) zur Verfügung. Dies vermeidet zeitaufwendige Rückfragen und hilft, Missverständnisse zu vermeiden.

Erklärung über die Richtigkeit und Vollständigkeit aller gemachten Angaben

Bezüglich der Richtigkeit und Vollständigkeit des Vermögens- und Einkommensverzeichnisses und des Gläubiger- und Forderungsverzeichnisses verlangt das Insolvenzgericht eine schriftliche Versicherung vom Schuldner. Mit dieser Versicherung bestätigt dieser dem Insolvenzgericht, dass alle gemachten Angaben nach bestem Wissen und Gewissen vollständig gemacht worden sind. Wenn das Insolvenzgericht im Verlauf des Verfahrens, aber auch nach Ablauf des Verfahrens feststellt, dass er bewusst oder grob fahrlässig unrichtige oder unvollständige Angaben gemacht hat, wird dies neben der Versagung der Restschuldbefreiung gegebenenfalls noch zu einer Strafanzeige führen.

IV

Der Schuldner sollte seine Angaben vor Abgabe der Erklärung genauestens überprüfen. Sollte er nach Abgabe der Erklärung beim Insolvenzgericht feststellen, dass er etwas vergessen hat, so muss er dies umgehend dem Insolvenzgericht melden. In der Regel wird dann eine Nachbesserung des Verzeichnisses erfolgen.

Der Schuldenbereinigungsplan

Ähnlich dem Schuldenbereinigungsplan, den Sie schon im außergerichtlichen Verfahren (vgl. Seite 58) kennen gelernt haben, gestaltet sich der gerichtliche Schuldenbereinigungsplan. Allerdings unterscheidet sich dieser etwas von dem vorherigen Plan. Der gerichtliche Schuldenbereinigungsplan besteht hier nämlich aus folgenden drei Plänen:

- Gläubiger- und Forderungsverzeichnis (siehe oben)
- Schuldenbereinigungsplan – Allgemeiner Teil
- Schuldenbereinigungsplan – Besonderer Teil

Für jeden Gläubiger ist ein einzelner Schuldenbereinigungsplan (Besonderer Teil) aufzustellen. In diesen Plan werden für jeden Gläubiger folgende Daten aufgenommen:

- Daten des Gläubigers, etwa Name, Anschrift, Vertreter und ggf. Geschäftszeichen
- Höhe der gesamten Forderung gemäß Forderungsaufstellung des Gläubigers (darin enthalten sind auch die Forderungen, welche von Ihnen ggf. bestritten werden)

- Art und Höhe jeder einzelnen Forderung (Begründung und Erläuterung)

- gegebene Sicherheiten an den Gläubiger

- Beschreibung des von Ihnen gemachten Angebots (Forderungsquote, Zahlungsart usw.)

- Gesamtsumme des Angebots

- Zahlungstermine (Beispiel: Ratenzahlung jeweils zum 10. des Kalendermonats)

- Anpassungsklausel

IV

Die Angaben über die Höhe der jeweiligen Forderungen kann man aus den Forderungsaufstellungen entnehmen, welche die Gläubiger vor Beginn des außergerichtlichen Vergleichs übersandt haben, bzw. aus dem erstellten Gläubiger- und Forderungsverzeichnis. Zu beachten ist dabei, dass auch hier nur die aktuellsten Zahlen eingetragen werden sollten und dass der Schuldenbereinigungsplan mit dem vorher erstellten Gläubiger- und Forderungsverzeichnis übereinstimmt. Abweichungen zwischen dem Verzeichnis und dem Schuldenbereinigungsplan führen nur zu Rückfragen des Insolvenzgerichts und somit zu Zeitverzögerungen.

Neben dem besonderen Teil des Schuldenbereinigungsplans ist zusätzlich für jeden Gläubiger noch ein allgemeiner Teil zu erstellen. Dieser allgemeine Teil enthält neben den persönlichen Daten des Gläubigers (Name, Anschrift) weitere Angaben zu seiner Forderung, Tilgungsquote und Tilgungssumme.

Ist das Schuldnerverzeichnis erstellt, muss nun ein „chronologischer Zahlungsplan" erstellt werden. Dieser Plan umfasst jede einzelne Zahlung an jeden Gläubiger beginnend ab dem ersten Tag der Zahlung. Dabei sind die Zahlungstermine nach Kalenderjahr, Monat, Tag aufsteigend zu sortieren.

Bezüglich der Höhe des pfändbaren Einkommens hat der Schuldner hier die Möglichkeit, die Pfändungsfreigrenze erhöhen zu lassen. Er sollte also grundsätzlich, beispielsweise durch die Schuldnerberatungsstelle, das sozialrechtliche Existenzminimum nach SGB II berechnen lassen. Das Insolvenzgericht kann dann auf Antrag bei berechtigtem Bedarf die Pfändungsfreigrenze gemäß § 850f Abs. 1 ZPO erhöhen.

Praxis-Tipp:

Lassen Sie als Schuldner in begründeten Fällen immer Ihr sozialrechtliches Existenzminimum ermitteln. Ist dieses höher als die gesetzliche Pfändungsfreigrenze, können Sie auf Antrag die Pfändungsfreigrenze angleichen lassen.

IV

Antrag auf Restschuldbefreiung gemäß § 287 InsO

Eine Restschuldbefreiung ist nicht zwingende Konsequenz eines Insolvenzverfahrens, sondern nur eine vom Gesetzgeber eingeräumte Möglichkeit. Das heißt, dass man auch ein Insolvenzverfahren durchführen kann, ohne eine Restschuldbefreiung zu erfahren. Aus diesem Grund muss zusätzlich noch ein Antrag auf Restschuldbefreiung gemäß § 287 InsO gestellt werden. Aber keine Angst, auch dieser Antrag ist als Vordruck bereits vorgefertigt im Antragssatz enthalten.

Der Antrag auf Restschuldbefreiung gliedert sich in drei Teilabschnitte:

Erster Abschnitt

Hier tritt der Schuldner seine pfändbaren Einkommensteile über einen Zeitraum von sechs Jahren bzw. bis zur Beendigung des Verfahrens an einen vom Insolvenzgericht zu bestimmenden Treuhänder ab.

Zweiter Abschnitt

Möchte man die Altfallregelung in Anspruch nehmen, muss man hier erklären, dass die Zahlungsunfähigkeit bereits vor dem 1.1.1997 eingetreten ist. Allerdings verlangt das Insolvenzgericht hier zusätzlich genaue Nachweise als Bestätigung. Als solche Nachweise gelten auch:

- eine Aufstellung der Einkünfte vor dem 1.1.1997

- eine Aufstellung der zu diesem Zeitpunkt fälligen Forderungen

- eine Aufstellung der damaligen Unterhaltsverpflichtungen (falls vorhanden)

- damalige Mahnschreiben der Gläubiger

- damalige Niederschriften über Vollstreckungsversuche vom Gerichtsvollzieher oder Amtsvollzieher

- damalige Pfändungsprotokolle

- damalig abgegebene eidesstattliche Versicherungen

- damalige Nachweise über gerichtliche Mahnverfahren

- damalige Arbeitslosen- oder Sozialhilfebescheide

IV

Dritter Abschnitt

Wurden die Einkommen bereits an jemanden abgetreten oder verpfändet, muss der Schuldner hier erklären, ab wann, an wen und in welcher Höhe die angesprochenen Forderungen (Einkommen) abgetreten wurden. Auch hier empfiehlt es sich, die entsprechenden Abtretungserklärungen oder Verpfändungen dem Insolvenzgericht vorzulegen. Das Insolvenzgericht kann hier selbstständig prüfen, ob die Erklärungen oder Verpfändungen rechtmäßig sind, und ggf. eine Aufhebung bestimmen.

Praxis-Tipp:

Je mehr Nachweise der Schuldner vorlegen kann, desto eher ist das Insolvenzgericht bereit, dem Antrag auf Verkürzung der Laufzeit stattzugeben.

Kosten des Verfahrens

Bevor das Insolvenzgericht das eigentliche Verfahren aufnimmt, muss der Schuldner leider erst einmal die Verfahrenskosten aufbringen und abführen. Aus diesem Grunde empfiehlt es sich, die Verfahrenskosten bereits vor Beginn des außergerichtlichen Einigungsversuchs ermitteln zu lassen oder selber zu ermitteln, da man sich das Geld dann entsprechend zusammensparen kann und nicht erst zusammensparen muss. Solange das Gericht selbst kein Geld erhält, wird es das Verfahren nicht durchführen.

Gemäß den Regelungen der InsO hat das Insolvenzgericht einen Antrag auf Eröffnung des Insolvenzverfahrens zurückzuweisen, wenn das Vermögen des Schuldners voraussichtlich nicht ausreichen wird, um die Kosten des Verfahrens zu decken. Die Abweisung unterbleibt, wenn ein ausreichender Betrag vorgeschossen wird. Für das Insolvenzverfahren bedeutet dies nichts anderes, als nach Zugang der Kostenberechnung diese sofort innerhalb der gesetzten Frist auszugleichen.

IV

Gleichfalls kann eine Restschuldbefreiung auf Antrag des Treuhänders versagt werden, wenn dessen Forderungen aufgrund seiner Treuhändertätigkeit durch den Schuldner nicht ausgeglichen werden bzw. die Insolvenzmasse nicht ausreicht, die Treuhändervergütung zu tragen.

Bedürftige Personen können die Verfahrenskosten gemäß §§ 4a bis 4d InsO auf Antrag gestundet bekommen (vgl. Ausführungen zur Stundung auf Seite 14).

Beginn des „eigentlichen Verfahrens"

Liegt der vollständige Eröffnungsantrag dem Insolvenzgericht vor und sind die Verfahrenskosten bezüglich der Zustellkosten und Antragsgebühren ausgeglichen oder gestundet, beginnt der eigentliche gerichtliche Einigungsversuch.

Der gerichtliche Einigungsversuch hat im Wesentlichen dasselbe Ziel wie auch der außergerichtliche Einigungsversuch. Auch hier soll versucht werden, mit nur geringem Verwaltungsaufwand eine Einigung zwischen den Gläubigern und dem Schuldner zu schaffen. Das Verfahren beginnt damit, dass den Gläubigern vom Insolvenzgericht jeweils ein Schuldenbereinigungsplan zugesandt wird. Verbunden mit der Zusendung ist die Bitte um Stellungnahme innerhalb eines Monats nach Zustellung. Während dieser Entscheidungsphase der Gläubiger ruht das Verfahren. Diese Ruhefrist kann bis zu drei Monate in Anspruch nehmen.

Antworten die Gläubiger innerhalb der gesetzten Frist nicht, gilt der Antrag als angenommen. Dies gilt insbesondere dann, wenn die Gläubiger sich weigern, an dem Verfahren teilzunehmen. Die weitere Verfahrensweise des Insolvenzgerichts hängt nun von den Antworten der Gläubiger ab.

Alle Gläubiger geben ihre Zustimmung

Der günstige Fall tritt dann ein, wenn alle Gläubiger dem vom Schuldner in Zusammenarbeit mit der helfenden Stelle oder Person erarbeiteten und vom Insolvenzgericht vorgelegten Schuldenbereinigungsplan zustimmen. In diesem Fall muss das Insolvenzgericht nur noch geringfügig tätig werden.

IV

Das Insolvenzgericht stellt in diesem Fall per Beschluss fest, dass ein Prozessvergleich zwischen den Gläubigern und dem Schuldner stattgefunden hat. Dieser Beschluss ist für alle Gläubiger und den Schuldner bindend. Dies gilt auch für die Gläubiger, deren Zustimmung durch Zwang des Insolvenzgerichts oder durch Ablauf der Anhörungsfrist ersetzt worden ist. Das Schuldenbereinigungsverfahren kann nun nur noch dann scheitern, wenn der Schuldner seine Obliegenheitspflichten (siehe Seite 35) während des Verlaufs der Zahlungsphase verletzt.

Aufgrund des Beschlusses gelten zudem folgende Anträge automatisch als zurückgenommen:

■ der Eröffnungsantrag für das vereinfachte Insolvenzverfahren

■ der Antrag auf Restschuldbefreiung

Weiterhin hat die Einigung zur Folge, dass ein gerichtlicher bzw. amtlicher Treuhänder nicht mehr eingesetzt werden muss. Diese Aufgabe kann ein vom Schuldner eingesetzter Treuhänder oder er selbst übernehmen. Im Prinzip ist hier dasselbe zu veranlassen wie beim Gelingen eines außergerichtlichen Vergleichs. Dazu spart sich der Schuldner natürlich auch weitere Verfahrenskosten und die Aufwendungen für den amtlich bestimmten Treuhänder.

Werden die Obliegenheiten des Vergleichs vom Schuldner allerdings nicht eingehalten, gilt das Verfahren als gescheitert. Dies hat zur Folge, dass keine Restschuldbefreiung für ihn eintreten wird und die Schulden wieder in voller Höhe valutieren.

Praxis-Tipp:

Stellen Sie auf jeden Fall die Zahlungen durch Einschaltung einer unabhängigen dritten Person sicher. Ein Ausfall von Zahlungen oder ein Zahlungsverzug wird zum Scheitern des Verfahrens führen!

Ablehnung des Vergleichs im Allgemeinen

IV

Lehnen die Gläubiger den gerichtlichen Vergleich ab, muss dies nicht zwingend sofort zum vereinfachten Insolvenzverfahren führen. Handelt es sich nur um geringfügige Gründe, kann der Schuldner in Verbindung mit seinem Berater und dem Insolvenzgericht prüfen, ob eventuell eine Nachbesserung erfolgen kann, die eine Zustimmung des Gläubigers zur Folge hat.

Ein solcher Fall könnte vorliegen, wenn Gläubiger Kosten wie beispielsweise Mahngebühren, Zwangsvollstreckungen oder Inkassokosten noch bei der Ermittlung der Forderungsquote anerkannt haben wollen. Hier sollte das Forderungsverzeichnis nur geändert werden, wenn die Kosten berechtigt in das Verzeichnis hätten aufgenommen werden müssen.

Praxis-Tipp:

Sind die Ablehnungsgründe nur geringfügig, so versuchen Sie, nochmals eine Einigung mit dem entsprechenden Gläubiger zu erzielen. Leisten Sie aber dennoch keine unberechtigte oder übervorteilende Zahlung.

Weitaus seltener dürften Einwendungen wegen der Höhe der Forderungsquote gemacht werden, da diese bereits im außergerichtlichen Verfahren anhand des erstmals erstellten Gläubiger- und Forderungsverzeichnisses mitgeteilt wurden und dort schon Streitpunkt gewesen sein dürften. Zweifelt weiterhin ein Gläubiger an der Richtigkeit der Berechnung, sollte er darauf hingewiesen werden, dass die Unterlagen – insbesondere das Forderungsverzeichnis – u. a. vom Insolvenzgericht geprüft wurden. Eine Kontrolle der Berechnungen auf Richtigkeit schadet aber auch nicht. Kleine Fehler können sich durchaus einschleichen. Liegt ein Fehler vor, ist dieser in Verbindung mit dem Insolvenzgericht zu berichtigen. Das Insolvenzgericht wird die Berichtigung der eingereichten Unterlagen vornehmen und die weiteren Gläubiger über die Änderungen informieren.

Beispiel: ───────────────

Fehler bei der Ermittlung der Forderungsquote

Für den Gläubiger Dr. Werner Schmidt wurde eine Forderungsquote i. H. v. 10 % ermittelt. Bei der Prüfung der vom Gericht übersandten Unterlagen stellt er fest, dass eine Rechnung unberechtigt nicht berücksichtigt wurde. Die Berücksichtigung der Rechnung würde seine Forderungsquote auf 12 % erhöhen. Herr Dr. Schmidt lehnt zunächst den gerichtlichen Einigungsversuch ab.

Der Schuldner sollte prüfen, ob die Rechnung tatsächlich zu berücksichtigen ist. Liegt dieser Fall vor, ist das Insolvenzgericht um Berichtigung zu bitten. Das Insolvenzgericht ändert das Gläubigerverzeichnis entsprechend und wird alle Gläubiger über die berechtigte Änderung in Kenntnis setzen. Herr Dr. Schmidt kann nun den gerichtlichen Vergleich nachträglich anerkennen.

Stimmen ein oder mehrere Gläubiger dem Vergleich trotz aller Einigungsversuche nicht zu, kommt es für den weiteren Verlauf nun auf die Gläubigerstellung im Verfahren an. Hier kommen Begriffe wie Gläubigermehrheit und Gläubigerminderheit zum Tragen.

Ablehnung des Vergleichs durch die Gläubigerminderheit

Die Wirkung einer Ablehnung durch einen Gläubiger hängt davon ab, welches Gewicht seine Stimme im Verfahren hat. Jeder Gläubiger hat im Verfahren ein Stimmrecht, welches sich allein daraus ergibt, dass er eine Forderung gegen den Schuldner hat. Man spricht hier von der Kopfstimme. Welches Gewicht die Kopfstimme gegenüber anderen Kopfstimmen hat, entscheidet die Höhe der Forderung gegen den Schuldner. Man spricht hier von der Kapitalstimme. Beide Stimmen sind im Zusammenhang zu sehen. Durch diese Regelung wird beispielsweise verhindert, dass ein Gläubiger mit geringen Forderungen das Verfahren blockiert. Ein Gläubiger mit einer sehr hohen Forderung kann also von Gläubigern mit nur geringen Forderungen überstimmt werden.

IV

Lehnt ein Gläubiger, der zur Kapital- und Kopfminderheit gehört, den gerichtlichen Vergleich ohne weitere Angabe von Gründen ab, kann das Insolvenzgericht die fehlende Zustimmung gemäß § 309 InsO ersetzen. Das bedeutet, dass das Insolvenzgericht den Gläubiger zur Zustimmung zwingt und das gerichtliche Verfahren per Beschluss durchgeführt wird. Der verweigernde Gläubiger erhält aber trotzdem Zahlungen gemäß seiner Forderungsquote.

Voraussetzung für die Zustimmungsersetzung ist, dass

- ein Antrag eines Gläubigers oder Schuldners vorliegt

- mehr als die Hälfte aller Gläubiger dem gerichtlichen Einigungsversuch zugestimmt haben (Kopfmehrheit)

- die Summe der Forderungen der zustimmenden Gläubiger mehr als die Hälfte der Gesamtforderungen beträgt (Kapitalmehrheit)

Beispiel:

Fehlende Zustimmung bei Gläubigerminderheit

Fritz Schulte ist Gläubiger des Schuldners Hansi Horst. Seine Forderungsquote gemäß Schuldenbereinigungsplan beträgt im Verhältnis zu den anderen Gläubigern nur 5 %. Herr Schulte, der bereits beim außergerichtlichen Einigungsversuch seine Zustimmung verweigert hatte, stimmt auch im gerichtlichen Verfahren dem Einigungsversuch nicht zu. Er begründet seine Ablehnung damit, dass, wer Schulden mache, auch voll bezahlen müsse. Eine nochmalige Anhörung des Insolvenzgerichts ändert nichts an der Zustimmungsverweigerung. Alle anderen Gläubiger haben dem Schuldenbereinigungsplan zugestimmt.

> Das Insolvenzgericht kann in diesem Fall die Zustimmung gemäß § 309 InsO ersetzen, da der Gläubiger keine Gründe vorgebracht hat, die eine Zustimmungsersetzung als nicht angemessen erscheinen lassen. Die Gründe sind nur persönlich und haben mit der wirtschaftlichen Betrachtung nichts zu tun.

Die Zustimmung kann durch das Insolvenzgericht allerdings nicht ersetzt werden, wenn eine der folgenden Bedingungen erfüllt ist:

- der Gläubiger, der die Einwendungen erhoben hat, wird im Verhältnis zu den übrigen Gläubigern nicht angemessen beteiligt

IV

- der Gläubiger, der die Einwendungen erhoben hat, wird durch den Schuldenbereinigungsplan wirtschaftlich schlechter gestellt, als er bei der Durchführung des Verfahrens über die Anträge auf Eröffnung des Insolvenzverfahrens (vereinfachtes Insolvenzverfahren) und Erteilung der Restschuldbefreiung stünde

Wird die Zustimmung ersetzt, bedeutet dies für den Schuldner, dass das Insolvenzgericht per Beschluss (Prozessvergleich) die Einigung feststellt. Das gerichtliche Verfahren endet entsprechend. Die Anträge auf Eröffnung des Insolvenzverfahrens und Restschuldbefreiung gelten als zurückgenommen. Nach Ablauf der Zahlungsfrist und Erfüllung des Schuldenbereinigungsplans tritt die Restschuldbefreiung ein. Dies gilt aber nicht für die Gläubiger, die nicht im Schuldenbereinigungsplan berücksichtigt wurden! Diese Verbindlichkeiten bleiben weiterhin in voller Höhe bestehen. Gleiches gilt für Schulden, die nach Zustimmung zum Schuldenbereinigungsplan bzw. während des Verlaufs der Zahlungsfrist entstehen.

Beispiel:

Schulden, die während der Zahlungsphase entstehen

Der Schuldner Dietmar Naumann befindet sich seit zwei Jahren in der Zahlungsphase. Der gerichtliche Vergleich wurde damals unter Zustimmung aller Gläubiger angenommen. Bisher sind alle Zahlungen pünktlich gemäß dem Schuldenberei-

nigungsplan erfolgt. Während des Verlaufs der Zahlungsphase bestellt Herr Naumann beim Versandhaus Klöcke eine
Waschmaschine. Da Herr Naumann meint, es würde nach Ablauf der Zahlungsfrist eine Restschuldbefreiung eintreten, be-
zahlt er die Waschmaschine nicht.

Bezüglich der Forderung der Firma Klöcke tritt keine Restschuldbefreiung ein, da die Firma nicht am Verfahren beteiligt
ist. Entsprechend kann die Firma Klöcke Zwangsvollstreckungsmaßnahmen gegen Herrn Naumann ausbringen.

IV

Die nicht am Verfahren beteiligten neuen Gläubiger haben weiterhin das Recht, gegen den Schuldner Zwangsvollstreckungsmaßnahmen auszubringen. Aus diesem Grunde sollte man grundsätzlich das pfändbare Einkommen an einen Treuhänder abtreten, damit eventuelle neue Lohnpfändungen nicht dazu führen, dass
man den Schuldenbereinigungsplan nicht erfüllen kann.

Praxis-Tipp:

Rechnen Sie während des Zahlungszeitraums mit neuen Schulden, so sollten Sie zur Sicherung des laufenden Schuldenbereinigungsplans einen Treuhänder einsetzen.

Ablehnung des Vergleichs durch Gläubigermehrheit

Stimmt die Gläubigermehrheit oder Kapitalmehrheit dem gerichtlichen Einigungsversuch nicht zu, gilt das Verfahren an dieser
Stelle als gescheitert. Im Gegensatz zur Gläubigerminderheit kann
das Insolvenzgericht die Zustimmung der Gläubigermehrheit
durch Beschluss nicht ersetzen. Dies gilt auch dann, wenn die
Gläubiger bezüglich der Ablehnungsgründe keine weiteren Aus-
sagen treffen. Das Insolvenzverfahren ist nun mit dem vereinfachten Insolvenzverfahren fortzusetzen.

Vereinfachtes Insolvenzverfahren

V

Grundsätzliches

Nachdem auch das gerichtliche Einigungsverfahren gescheitert ist, beginnt nun gemäß dem gestellten Eröffnungsantrag das vereinfachte Insolvenzverfahren, welches später zur Restschuldbefreiung führen soll. Das Insolvenzgericht wird zu Beginn des Verfahrens zunächst prüfen, ob die weiteren Kosten gedeckt sind. Es ist demnach auch hier wieder wichtig, dass der Schuldner Geldmittel für die Verfahrenskosten zurückgelegt hat und entsprechend die Gebührenrechnung ausgleichen kann. Sind die Kosten gedeckt, beginnt das Verfahren mit dem Ansatz des Prüfungstermins gemäß § 312 Abs. 1 InsO.

V Wer eine Stundung der Verfahrenskosten beanspruchen oder weiterhin beanspruchen möchte, muss in diesem Verfahrensabschnitt erneut einen Antrag stellen (siehe Stundung Seite 14).

Im Zusammenhang mit der Eröffnung des vereinfachten Insolvenzverfahrens wird vom Insolvenzgericht ein Treuhänder bestimmt. Dieser nimmt im Verbraucherinsolvenzverfahren die Aufgaben eines Insolvenzverwalters im Regelinsolvenzverfahren wahr (siehe Einsatz des Treuhänders).

Prüfungstermin

Im angesetzten Prüfungstermin wird das Insolvenzgericht folgende Tätigkeiten durchführen:

- Prüfung, ob der Schuldner überhaupt berechtigt ist, eine Restschuldbefreiung zu erfahren

- Prüfung, für welche Forderungen eine Restschuldbefreiung erfolgen kann

- Festlegung der Höhe der einzelnen Forderungen

- Festlegung eventueller Rangfolgen innerhalb der Forderungen

- Erörterung strittiger Forderungen mit dem Schuldner und den Gläubigern

- Bestätigung des eingesetzten Treuhänders

Prüfung des Schuldners

Zu Beginn des Insolvenzverfahrens prüft das Insolvenzgericht zunächst, ob der Schuldner überhaupt berechtigt ist, eine Restschuldbefreiung zu erfahren. Gemäß § 290 InsO kann die Restschuldbefreiung aus folgenden Gründen versagt werden:

- Wenn Sie wegen einer Straftat gemäß den §§ 283 bis 283c StGB rechtskräftig verurteilt worden sind. Hierbei handelt es sich um den Bankrott, den besonders schweren Fall des Bankrotts, der Verletzung der Buchführungspflicht und der Gläubigerbegünstigung. Dies gilt auch, wenn die vorgenannten Straftaten während des Zeitraums zwischen Schlusstermin und Aufhebung des Insolvenzverfahrens (Beendigung) oder während der Laufzeit der Abtretungserklärung begangen wurden und der Schuldner dafür rechtskräftig verurteilt wird.

- Wenn der Schuldner innerhalb der letzten drei Jahre vor dem Antrag auf Eröffnung des Insolvenzverfahrens oder nach diesem Antrag vorsätzlich oder grob fahrlässig schriftlich unrichtige oder unvollständige Angaben über seine wirtschaftlichen Verhältnisse gemacht hat, um einen Kredit zu erhalten, Leistungen aus öffentlichen Mitteln zu beziehen oder Leistungen an öffentliche Kassen zu vermeiden. Hier dürfte insbesondere die falsche Abgabe einer eidesstattlichen Versicherung zu nennen sein. Allerdings muss hier – im Gegensatz zum ersten Punkt – kein rechtskräftiges Urteil vorliegen. Kann ein Gläubiger einen der vorgenannten Verstöße nachweisen, so wird das Gericht die Restschuldbefreiung versagen. Dies bedeutet grundsätzlich für den Schuldner, dass bei Gläubigerbefragungen möglichst genaue Angaben zu machen sind.

Beispiel:

Nachweis des vorsätzlichen Verschweigens von Vermögen

Das Finanzamt Düsseldorf versuchte im Jahre 2010, gegen den Schuldner Dieter Klein wegen Steuerrückständen zu vollstrecken. Im Rahmen der Vollstreckungsmaßnahmen wurde Herr Klein befragt, ob er verwertbare Vermögenswerte besitze. Klein verneinte und verschwieg dabei absichtlich, dass er ein Sparguthaben in Höhe von 2 500 EUR hat. Das Finanzamt machte die

> Befragung aktenkundig. Erst im Verlauf des gerichtlichen Verfahrens wurde dieses Sparbuch durch Herrn Klein offengelegt.
>
> Das Finanzamt kann die Versagung der Restschuldbefreiung beantragen. Es wird den Antrag damit begründen, dass Herr Klein vorsätzlich das Vermögen verschwiegen hat, um Zahlungen an das Finanzamt zu vermeiden.

- Wenn in den letzten zehn Jahren vor dem Antrag auf Eröffnung des Insolvenzverfahrens oder nach diesem Antrag die Restschuldbefreiung erteilt oder wegen Verstoßes gegen die Obliegenheitspflichten oder wegen einer Insolvenzstraftat versagt worden ist.

- Wenn der Schuldner im letzten Jahr vor dem Antrag auf Eröffnung des Insolvenzverfahrens oder nach diesem Antrag vorsätzlich oder grob fahrlässig die Befriedigung der Insolvenzgläubiger negativ beeinträchtigt hat. Der Fall tritt ein, wenn der Schuldner unangemessene Verbindlichkeiten begründet oder Vermögen verschwendet oder ohne Aussicht auf eine Besserung seiner wirtschaftlichen Lage die Eröffnung des Insolvenzverfahrens verzögert.

Beispiel:

Unangemessene Verbindlichkeit begründet

Paul Klein konnte bereits 2009 seine Verbindlichkeiten nicht mehr tilgen, dennoch nahm er einen größeren Kredit bei der Phönix Bank auf. Die Bank verzichtete damals auf die Vorlage von Liquidationsnachweisen. Das aufgenommene Geld verwendete Herr Klein, da er mit einer Restschuldbefreiung im Insolvenzverfahren rechnete, für eine ausschweifende Weltreise.

Hier liegt ein Versagungsgrund vor, da Herr Klein Kreditmittel für eine Luxusreise und nicht zur Tilgung der Verbindlichkeiten oder zur Bestreitung des Lebensunterhalts verwendete.

Eine unangemessene Forderung kann auch dadurch begründet sein, dass das Finanzamt wegen der Nichtabgabe von Steuererklärungen die Besteuerungsgrundlage schätzt und somit die Steuerforderung weit über der eigentlichen Steuerforderung liegt.

Beispiel:

Unangemessene Verbindlichkeit durch Schätzungen des Finanzamts

Der Steuerpflichtige Paulchen Paulsen hat es versäumt, seine Steuererklärung für das Jahr 2009 abzugeben. Da Paulsen die angeforderte Steuererklärung trotz Mahnungen nicht abgibt, schätzt das Finanzamt die Besteuerungsgrundlagen. Entsprechend der Schätzung muss Herr Paulsen noch 7 500 EUR an das Finanzamt abführen. Die tatsächliche Steuerschuld würde sich aber nur auf 500 EUR belaufen. Eine Berichtigung nimmt Herr Paulsen ebenfalls nicht vor, da er wegen seiner hohen Gesamtverschuldung und der eingetretenen Zahlungsunfähigkeit das Insolvenzverfahren beantragen will.

Aufgrund der rechtmäßigen Schätzung des Finanzamts ist eine unangemessene Verbindlichkeit von Herrn Paulsen begründet worden. Das vorsätzliche Unterlassen der Berichtigung der Schätzung führt dazu, dass alle weiteren Gläubiger benachteiligt werden.

- Wenn der Schuldner während des Insolvenzverfahrens Auskunfts- oder Mitwirkungspflichten nach dem Insolvenzgesetz vorsätzlich oder grob fahrlässig verletzt.

Nach § 97 InsO ist er verpflichtet, dem Insolvenzgericht, dem Treuhander und der Gläubigerversammlung zu allen Fragen bezüglich des Verfahrens Auskunft zu geben. Weiterhin ist er verpflichtet, alle angeforderten Unterlagen zur Verfügung zu stellen.

Beispiel:

Verletzung der Mitteilungspflicht

Während der Prüfung der Unterlagen forderte das Insolvenzgericht den Schuldner Günter Müller auf, einige Unterlagen vorzulegen. Trotz mehrfacher Aufforderungen übersandte Herr Müller die Unterlagen nicht.

Das Insolvenzgericht kann die Restschuldbefreiung wegen der Verletzung der Mitwirkungspflicht versagen.

- Wenn der Schuldner in den für das Insolvenzverfahren notwendigen Vermögens- und Einkommensverzeichnissen sowie dem Gläubiger- und Forderungsverzeichnis vorsätzlich oder grob fahrlässig unrichtige oder unvollständige Angaben gemacht hat.

Beispiel:

Unvollständiges Vermögensverzeichnis

Die Schuldnerin Helga Horn beantragt im März 2010 das gerichtliche Vergleichsverfahren, da ihre Gläubiger den außergerichtlichen Einigungsversuch ablehnten. Bei dem in diesem Zusammenhang vorgelegten Vermögensverzeichnis verschwieg sie ihre laufende Lebensversicherung, da diese für ihre Altersversorgung zurückbehalten werden sollte. Bei der Durchsicht des Vermögensverzeichnisses fiel dem Finanzamt das Fehlen der Versicherung auf, da diese in den Steuerunterlagen als Sonderausgabe vom Einkommen abgezogen wurde. Das Finanzamt teilte dies dem Insolvenzgericht mit.

Aufgrund des vorsätzlichen Verschweigens der Lebensversicherung im Vermögensverzeichnis kann das Insolvenzgericht die Restschuldbefreiung versagen.

Jeder Gläubiger kann einen Antrag auf Versagung der Restschuldbefreiung stellen, wenn ein Verstoß gegen die Obliegenheitspflichten (§ 296 Abs. 1 oder 2 Satz 3 InsO) oder eine Insolvenzstraftat (§ 297 InsO) vorliegt. Hier muss der Gläubiger allerdings glaubhaft nachweisen, dass der Versagungsgrund besteht.

Um noch einmal klarzustellen: Alle oben genannten Vorgänge werden zum einen vor Beginn des vereinfachten Insolvenzverfahrens, zum anderen zum Ende der Wohlverhaltensphase bei der eigentlichen Entscheidung über die Restschuldbefreiung geprüft.

Kommt das Insolvenzgericht in Zusammenwirken mit dem Treuhänder und den Gläubigern zu dem Entschluss, dass eine Restschuldbefreiung nach Abschluss der Wohlverhaltensphase erteilt werden kann, prüft es nun, ob für die angemeldete Forderung ebenfalls eine Restschuldbefreiung erfolgen kann.

Prüfung der Befreiungsfähigkeit der Forderungen

Nicht jede Forderung fällt unter die Restschuldbefreiung und ist somit im vereinfachten Insolvenzverfahren nicht zu berücksichtigen. Gemäß § 302 InsO sind folgende Forderungen an den Schuldner von der Restschuldbefreiung ausgenommen und daher nicht zu berücksichtigen:

- Verbindlichkeiten, die aus einer vorsätzlich begangenen unerlaubten Handlung entstanden sind: Hierbei handelt es sich insbesondere um Schadensersatz, Gerichts- und Anwaltskosten aus einem Strafverfahren und Strafen aus einem Strafverfahren.

- Geldstrafen, Bußgelder, Ordnungsgelder und Zwangsgelder sowie solche Nebenfolgen einer Straftat oder Ordnungswidrigkeit, die zur Geldzahlung verpflichten

V

Bei den oben genannten Verbindlichkeiten handelt es sich um auferlegte Sanktionen bzw. Wiedergutmachungen aufgrund einer unerlaubten Handlung. Eine Restschuldbefreiung aufgrund einer Überschuldung würde den Strafcharakter der Gelder und die damit verfolgte Absicht des Staats weit einschränken bzw. eventuell sogar aufheben. Entsprechend bleiben diese Forderungen auch nach einer erteilten Restschuldbefreiung für die anderen Forderungen in voller Höhe bestehen.

Bei der Erstellung der Forderungsmeldung müssen die Gläubiger bei der Anmeldung ihrer Forderungen vermerken, welche ihrer Forderungen aus einer vorsätzlich unerlaubten Handlung entstanden sind. Durch diesen Hinweis soll der Schuldner bereits frühzeitig darüber informiert werden, welche Forderungen am Ende des Verfahrens keine Restschuldbefreiung erfahren werden.

Ebenfalls sind Verbindlichkeiten aus zinslosen Darlehen, die der Schuldner zur Aufbringung der Verfahrenskosten erhalten hat, nicht von der Restschuldbefreiung erfasst.

Sind die ausgenommenen Forderungen vom Insolvenzgericht aussortiert, legt das Insolvenzgericht über den Treuhänder nun die Rangfolge der Forderungen fest.

Festlegung der Forderungsrangfolge

Der Treuhänder prüft in diesem Schritt die Forderungen nun dem Grunde und der Höhe nach und legt dabei eine Rangfolge fest. Die Rangfolge und eventuelle Sicherheiten werden in einer Tabelle festgehalten. Diese Tabelle hat die Wirkung eines vollstreckbaren Titels. Dies hat zur Folge, dass die Gläubiger beim Scheitern des Verfahrens hieraus sofort vollstrecken können (§ 178 Abs. 3 InsO).

Die Rangfolgenfestlegung bezieht sich – anders als bei einem normalen Insolvenzverfahren – nicht auf die Forderungsberechtigung, sondern auf vorhandene Sicherheiten. Auch beim vereinfachten Verfahren sind insbesondere Abtretungen den anderen Forderungen vorrangig (vgl. Ausführungen auf Seite 58). Gleichfalls ist zu prüfen, ob ein Gläubiger sich durch Bürgschaften gesichert hat und dort zunächst eine Befriedigung erfahren muss.

Neben der Aufstellung der Tabelle wird der Treuhänder letztmalig strittige Forderungen mit den Gläubigern und dem Schuldner erörtern und ggf. eine Entscheidung herbeiführen. Hierzu gehören auch die Erörterungen über Insolvenzanfechtungen nach § 129 ff. InsO auf Antrag der Gläubiger.

Durch die Insolvenzanfechtung erhält jeder Gläubiger (gemäß § 313 Abs. 2 InsO) die Möglichkeit, durchgeführte Rechtshandlungen anderer Gläubiger oder des Schuldners ggf. außer Kraft zu setzen oder deren Rückgängigmachung zu erzwingen. Die Gläubigerversammlung kann die notwendigen Rechtshandlungen auf den Treuhänder übertragen. Welche Rechtshandlungen angefochten werden dürfen und welche nicht, ergibt sich insbesondere aus der Insolvenzordnung (§ 129 ff. InsO). Demnach sind insbesondere folgende Rechtshandlungen, die einem Insolvenzgläubiger eine Sicherung oder Befriedigung gewähren oder ermöglichen, anfechtbar:

- wenn sie in den letzten drei Monaten vor dem Antrag auf Eröffnung des Insolvenzverfahrens vorgenommen worden sind, wenn zurzeit der Handlung der Schuldner zahlungsunfähig war und wenn der Gläubiger zu dieser Zeit die Zahlungsunfähigkeit kannte

Beispiel:

Anfechtbare Rechtshandlung innerhalb der letzten drei Monate vor Antrag auf Eröffnung des Insolvenzverfahrens

Das Finanzamt pfändet während des Verlaufs des gerichtlichen Verfahrens das Girokonto des Schuldners Dieter Klein, obwohl es von der Zahlungsunfähigkeit des Herrn Klein wusste und vom Insolvenzgericht von dem gerichtlichen Einigungsversuch unterrichtet worden war. Die Pfändung erbrachte dem Finanzamt eine Gutschrift von 1 000 EUR. Dieses Geld sollte der Insolvenzmasse zur Verfügung gestellt werden. Einen Monat später kam der Antrag auf Eröffnung des Insolvenzverfahrens zur Wirkung.

Die anderen Gläubiger können diese Pfändung anfechten, da das Finanzamt die Pfändung innerhalb der dreimonatigen Frist ausgebracht hat und von der Zahlungsunfähigkeit wusste. Das Finanzamt muss die 1 000 EUR wieder an den eingesetzten Treuhänder auskehren.

V

■ wenn sie nach dem Eröffnungsantrag vorgenommen worden ist und wenn der Gläubiger zur Zeit der Handlung die Zahlungsunfähigkeit oder den Eröffnungsantrag kannte

Als wichtig gilt in diesem Zusammenhang, dass der Gesetzgeber bei den dem Schuldner nahestehenden Personen davon ausgeht, dass diese von der Zahlungsunfähigkeit oder dem Eröffnungsantrag wussten. Als nahestehende Personen gelten hier insbesondere:

■ der Ehegatte

■ der Lebenspartner

■ Verwandte des Schuldners oder des Ehegatten in aufsteigender Linie

■ Personen, die in häuslicher Gemeinschaft mit dem Schuldner leben (z. B. Freundin, Pflegekinder)

Dies bedeutet, wenn der Schuldner eine Rechtshandlung – wie zuvor beschrieben – mit einer nahestehenden Person vornimmt, brauchen die anfechtenden Gläubiger nicht nachweisen, dass diese Person von der Zahlungsunfähigkeit oder von dem Eröffnungsantrag wusste.

Ein Lebenspartner gilt auch dann als nahestehende Person, wenn die Lebenspartnerschaft erst nach der Handlung eingegangen oder im letzten Jahr vor der Handlung aufgelöst wurde.

Beispiel:

Anfechtbare Rechtshandlung mit nahestehenden Personen innerhalb der letzten drei Monate vor Antrag auf Eröffnung des Insolvenzverfahrens

Die Lebensgefährtin des Schuldners Hansi Wetter hatte ihrem Freund aus ihrem Vermögen ein Darlehen in Höhe von 10 000 EUR gewährt. Nachdem ihr Freund zahlungsunfähig geworden war, verzichtete sie zunächst auf den Ausgleich ihrer Forderung, da sie davon ausgegangen war, dass die Gläubiger den außergerichtlichen Vergleich des Freundes annehmen werden. Nachdem allerdings auch der gerichtliche Vergleich gescheitert ist, ließ sie sich eine Woche vor Eröffnung des Insolvenzverfahrens den Pkw des Herrn Wetter zur Sicherheit übertragen. Herr Wetter lebt mit seiner Lebensgefährtin gemeinsam in einer Wohnung.

Diese Übertragung ist von den Gläubigern anfechtbar, da sie innerhalb der dreimonatigen Frist getätigt wurde. Hier brauchen die Gläubiger allerdings nicht nachzuweisen, dass die Lebensgefährtin nichts von der Zahlungsunfähigkeit des Herrn Wetter wusste, da sie als nahestehende Person mit Herrn Wetter die häusliche Gemeinschaft teilt.

Anfechtbar sind aber auch Rechtshandlungen, die einem Insolvenzgläubiger eine Sicherung oder Befriedigung gewähren oder ermöglichen, die dieser nicht in der Art oder nicht zu der Zeit zu beanspruchen hatte (sog. inkongruente Deckung). Hierbei handelt es sich beispielsweise um Übersicherungen eines Gläubigers. Entscheidend ist auch hier, dass der Gläubiger von der Zahlungsunfähigkeit oder von dem Eröffnungsantrag wusste.

Beispiel:

Anfechtung wegen Übersicherung

Die FF-Bank AG hatte dem Schuldner Fred Becker ein Darlehen in Höhe von 10 000 EUR gewährt. Herr Becker, der ein kleines Transportunternehmen betrieb, benötigte dieses Geld, um ein weiteres Fahrzeug anzuschaffen. Die Bank verlangte zunächst keine Sicherheiten. Als der Bank allerdings bekannt wurde, dass der Treuhänder den Fuhrpark verwerten wolle, ließ sie sich von Herrn Klein alle Fahrzeuge des Fuhrparks zur Sicherheit übertragen. Der Wert der Fahrzeuge betrug im Zeitpunkt der Übereignung 20 000 EUR.

Die anderen Gläubiger können diese Handlung anfechten. Zum einen war der Bank bekannt, dass bei Herrn Klein eine Zahlungsunfähigkeit eingetreten ist, zum anderen übersteigt die Sicherung die eigentliche Forderung der Bank.

V

Bezüglich der Anfechtung wegen inkongruenter Deckung kann die Handlung nur angefochten werden, wenn eine der folgenden Bedingungen erfüllt ist:

■ die Handlung ist im letzten Monat vor dem Antrag auf Eröffnung des Insolvenzverfahrens vorgenommen worden

■ die Handlung ist innerhalb des zweiten oder dritten Monats vor dem Eröffnungsantrag vorgenommen worden und der Schuldner war zur Zeit der Handlung zahlungsunfähig

■ die Handlung ist innerhalb des zweiten oder dritten Monats vor dem Eröffnungsantrag vorgenommen worden und dem Gläubiger war zur Zeit der Handlung bekannt, dass sie die anderen Insolvenzgläubiger benachteiligen würde

Auch bei dieser Anfechtungsart gilt bezüglich nahestehender Personen das oben Genannte.

Weiterhin sind auch Rechtshandlungen des Schuldners anfechtbar, wenn diese Insolvenzgläubiger unmittelbar benachteiligen. Im Gegensatz zu den oben genannten Anfechtungstatbeständen geht hier die Initiative vom Schuldner und nicht vom Gläubiger aus. Dies bedeutet, dass hier die Gläubiger nachweisen müssen, dass der durch die Rechtshandlung Begünstigte (z. B. Käufer) wusste, dass der Schuldner zahlungsunfähig war oder ein Insolvenzverfahren eröffnet worden ist. Auch hier gelten wieder besondere Fristen, in denen die Handlung vorgenommen worden sein muss:

- die Handlung muss entweder innerhalb der letzten drei Monate vor dem Antrag auf Eröffnung des Insolvenzverfahrens vorgenommen worden sein

- oder die Handlung muss nach dem Eröffnungsantrag vorgenommen worden sein

Bezüglich nahestehender Personen gilt auch hier das oben Genannte.

V

Beispiel:

Unmittelbar nachteilige Rechtshandlungen

Die Schuldnerin Christine Josef befindet sich wegen ihrer Zahlungsunfähigkeit derzeit im gerichtlichen Einigungsverfahren. Von diesem Verfahren erfährt auch der Autohändler Fritz Fix. Herr Fix ist nicht Gläubiger von Frau Josef. Da Herr Fix ein schnelles gutes Geschäft mit der Hilflosigkeit der Schuldnerin machen will, schlägt er ihr vor, dass er ihren Pkw zum Preis von 1 000 EUR kaufen würde. Sie könne das Geld ja gut für die Kosten oder für die Insolvenzmasse verwenden. Frau Josef brauchte das Geld für die Kosten und stimmt dem Angebot zu. Allerdings hat der Pkw im Zeitpunkt des Verkaufs einen Wert von 4 000 EUR. Zwei Monate nach dem Verkauf wird das Insolvenzverfahren eröffnet. Der Pkw steht immer noch bei dem Händler.

Die Gläubiger können die Rechtshandlung des Verkaufs durch die Schuldnerin anfechten, da sie innerhalb von drei Monaten vor Eröffnung des Insolvenzverfahrens durchgeführt wurde und die Insolvenzgläubiger durch den Verkauf unmittelbar benachteiligt werden und der Käufer von der Zahlungsunfähigkeit der Schuldnerin wusste. Durch den Verkauf mindert sich die Insolvenzmasse erheblich. Der Käufer muss das Fahrzeug an den Treuhänder herausgeben.

Weiterhin sind Rechtshandlungen des Schuldners anfechtbar, wenn er diese mit dem Vorsatz der Benachteiligung durchgeführt hat. Hierbei handelt es sich allerdings um einen sehr schweren Anfechtungstatbestand, da die Beweisführung meist sehr schwierig ist. Die Schwierigkeit ergibt sich aus den dafür vorgesehenen Betrachtungszeiträumen, die bis zu zehn Jahre betragen können. Trotz der schwierigen Beweisführung möchte ich Sie dennoch auf diese Möglichkeit hinweisen. Bezüglich der vorsätzlichen Beteiligung gilt das Folgende:

Anfechtbar ist eine Rechtshandlung, die der Schuldner in den letzten zehn Jahren vor dem Antrag auf Eröffnung des Insolvenzverfahrens oder nach diesem Antrag mit dem Vorsatz, seine Gläubiger zu benachteiligen, vorgenommen hat. Dies gilt aber nur, wenn der Empfänger des Vorteils von dem Vorsatz zur Zeit der Handlung wusste. Die Kenntnis über den Vorsatz wird zu Ungunsten des Schuldners vermutet, wenn der Empfänger des Vorteils im Zeitpunkt der Handlung wusste, dass eine Zahlungsunfähigkeit beim Schuldner droht und die Gläubiger benachteiligt würden.

V

Beispiel:

Vorsätzliche Minderung des Vermögens durch Veräußerung

Zwei Jahre vor der Eröffnung des Insolvenzverfahrens veräußert der Schuldner Bernd Trott sein unbebautes Grundstück an seinen Freund Gerd Krupp. Im Zeitpunkt der Veräußerung war klar, dass bei Herrn Trott eine Zahlungsunfähigkeit eintreten wird. Da er von dem Insolvenzverfahren wusste, bat er Gerd Krupp, das Grundstück zu kaufen und den Kaufpreis erst nach Beendigung des Insolvenzverfahrens und nach erteilter Restschuldbefreiung zu zahlen. Mit dem Geld wollte Herr Trott einen neuen Anfang starten. Herr Krupp wusste somit, dass Bernd Trott vorsätzlich das Grundstück bzw. den Kaufpreis aus der Insolvenzmasse heraushalten und die Gläubiger somit benachteiligen wollte.

Die Gläubiger können die Veräußerung anfechten, da Herr Trott sie vorsätzlich benachteiligen will und der Käufer Gerd Krupp von der vorsätzlichen Benachteiligung, zumindest aber von der eintretenden Zahlungsunfähigkeit wusste.

- Veräußert der Schuldner an eine nahestehende Person eine Sache, so kann diese Veräußerung angefochten werden, wenn der entgeltliche Vertrag innerhalb von zwei Jahren vor Eröffnung des Insolvenzverfahrens geschlossen wurde und die Gläubiger dadurch benachteiligt werden. Hier gilt wie oben, dass auch hier der Vorsatz der Gläubigerbenachteiligung vorliegen muss und der Empfänger von der vorsätzlichen Gläubigerbenachteiligung wusste.

Beispiel:

Veräußerung an eine nahestehende Person

Beispiel wie zuvor, jedoch handelt es sich beim Käufer um den Sohn des Herrn Trott und die Veräußerung wurde ein Jahr vor der Eröffnung des Insolvenzverfahrens getätigt.

Auch hier können die Gläubiger die Veräußerung aus den im obigen Beispiel genannten Gründen anfechten.

Anfechtbar sind aber auch Schenkungen des Schuldners. Dies gilt dann, wenn diese innerhalb von vier Jahren vor dem Antrag auf Eröffnung des Insolvenzverfahrens vorgenommen worden sind und keine gebräuchlichen Gelegenheitsgeschenke von geringem Wert sind. Im Gegensatz zu den bisherigen Anfechtungstatbeständen geht es hier weder um den Beweis einer Benachteiligung noch um die Frage, ob eine vorsätzliche Handlung die Insolvenzgläubiger benachteiligt. Bei der Schenkungsanfechtung geht es allein um die Tatsache, dass der Schuldner durch die Schenkung sein Vermögen erheblich gemindert und dies zur Minderung der Insolvenzmasse geführt hat. Der Empfänger der Leistung muss nichts über den Stand des Vermögens des Schuldners gewusst haben. Entsprechend hat das Gericht hier zu entscheiden, ob der Beschenkte den Schenkungsgegenstand (auch Geld) zurückgeben muss, damit er in die Insolvenzmasse aufgenommen werden kann.

Beispiel:

Gläubigerbenachteiligung wegen einer Schenkung

Ein Jahr vor Eröffnung des Insolvenzverfahrens verschenkt der Schuldner Peter Petersen ein unbebautes Grundstück an seine Schwester. Bei dem Grundstück handelt es sich um den einzigen Vermögenswert des Herrn Petersen.

> Die Insolvenzgläubiger können diese Schenkung anfechten, da sie innerhalb des vierjährigen Zeitraums vorgenommen wurde. Entscheidend dürfte hier sein, dass es sich bei dem Grundstück um den einzigen Vermögensgegenstand des Herrn Petersen handelt.

Wenn man die Ausführungen zur Anfechtung liest, kann schnell der Eindruck entstehen, dass im Prinzip jede Anfechtung der Gläubiger zum Erfolg führt. Dem ist nicht so. Anhand meiner eigenen Erfahrungen kann ich feststellen, dass Anfechtungen wegen der schwierigen Beweislage häufig nicht zum Erfolg führen. Dies gilt insbesondere dann, wenn die Rechtshandlungen zwischen Ehegatten vorgenommen werden. Hier muss in ganz besonderem Maße nachgewiesen werden, dass der Ehegatte von der Verschuldung gewusst hat und die Übernahme des Gegenstandes nicht auf der Sicherung des eigenen Lebensunterhalts beruht.

V

Sind alle Streitigkeiten über Vermögenswerte, Einkommen und Forderungen beigelegt, stellt das Gericht fest, welche Vermögenswerte, Einkommen und Forderungen an dem Verfahren teilnehmen. Die entsprechenden Feststellungen werden dann, zur Verwertung, an den eingesetzten Treuhänder zur Erfüllung seiner Aufgabe weitergegeben.

Einsatz des Treuhänders

Mit der Eröffnung des vereinfachten Insolvenzverfahrens bestimmt das Insolvenzgericht einen Treuhänder. Dieser Treuhänder nimmt im Verbraucherinsolvenzverfahren im Wesentlichen die Aufgaben wahr, die ein Insolvenzverwalter im Regelinsolvenzverfahren innehat. Der Treuhänder kann aber auch vom Schuldner oder von den Gläubigern vorgeschlagen werden.

Der Treuhänder hat im Verlauf bis zum Schlusstermin insbesondere folgende Aufgaben durchzuführen:

- Sichtung, Begutachtung und Verwertung des vorhandenen Vermögens
- Entgegennahme der Forderungsanmeldungen der Gläubiger und Prüfung der angemeldeten Forderungen auf ihre Berechtigung hin

- Führung der Forderungstabellen
- Auf Antrag der Gläubigerversammlung Vornahme von Anfechtungen von Rechtshandlungen
- Vorbereitung der Schlussverteilung

Während des Verlaufs der Wohlverhaltensphase nimmt er folgende Aufgaben wahr:

- Unterrichtung des zur Zahlung Verpflichteten über die Abtretung der pfändbaren Einkommen an den Treuhänder (z. B. Arbeitgeber)
- Sammlung der pfändbaren Beträge und sonstigen Einkommen des Schuldners
- Verteilung der erhaltenen Beträge gemäß dem aufgestellten und vom Insolvenzgericht beschlossenen Schlussverzeichnis
- Auszahlung der Durchhalteprämien an den Schuldner
- Überwachung der Obliegenheitspflichten des Schuldners, sofern er damit beauftragt wurde

Nach Ablauf der Wohlverhaltensphase nimmt der Treuhänder folgende Aufgaben wahr:

- Abgabe eines Berichts zur Durchführung der Restschuldbefreiung
- Bericht über die Versagung der Restschuldbefreiung, wenn die Mindestvergütung des Treuhänders nicht gedeckt ist
- Bericht bezüglich des Verfahrens zum Widerruf der Restschuldbefreiung

Praxis-Tipp:

Bevor der Treuhänder die Vermögenswerte veräußert, haben Sie als Schuldner noch die Möglichkeit, diese vom Treuhänder selbst zu erwerben. Dies dürfte aber nur dann der Fall sein, wenn einer Ihrer nahen Angehörigen den Vermögensgegenstand erwerben möchte, da Ihr Vermögen eigentlich dazu verwendet wird, die Schulden zu tilgen.

Die Treuhändergebühren

Auch der vom Insolvenzgericht eingesetzte Treuhänder arbeitet nicht kostenfrei. Für seine Tätigkeit im vereinfachten Insolvenzverfahren erhält er grundsätzlich 15 % der Insolvenzmasse, mindestens aber 250 Euro. Dieser Betrag kann nach Maßgabe und Tätigkeitsumfang des Treuhänders auf 100 Euro gemindert werden.

Für seine Tätigkeit während des Verlaufs der Wohlverhaltensphase erfolgt die Vergütung nach § 293 InsO i. V. m. den §§ 14 ff. InsVV. Bemessungsgrundlage für die Höhe der Vergütungsbeträge ist die Summe der Beträge, welche sich aufgrund der Abtretungsbeträge des Schuldners ergeben und im Verlauf der gesamten Wohlverhaltsphase eingehen. Hierzu kommen noch die Beträge, die der Treuhänder auf andere Weise zur Befriedigung der Gläubiger erhält.

Die Vergütung ist wie folgt zu berechnen:

- von den ersten 25 000 Euro erhält der Treuhänder 5 %
- von dem Mehrbetrag bis 50 000 Euro erhält der Treuhänder 3 %
- von dem darüber hinausgehenden Betrag erhält er 1 %

Sind die Beträge gering, erhält der Treuhänder einen jährlichen Mindestbetrag von 100 Euro.

Neben der Vergütung für seine eigentliche Treuhändertätigkeit erhält er weiteren Vergütungen, wenn er von den Gläubigern mit weiteren Aufgaben, beispielsweise mit der Überwachung der Obliegenheiten, beauftragt wird.

Zwangsvollstreckungsmaßnahmen

Gemäß § 89 InsO sind Zwangsvollstreckungsmaßnahmen während des Verlaufs des Insolvenzverfahrens durch die beteiligten Insolvenzgläubiger verboten. Dies hat zur Folge, dass spätestens zu Beginn der Eröffnung des Insolvenzverfahrens alle laufenden Zwangsvollstreckungsmaßnahmen durch das Gericht aufgehoben werden.

Praxis-Tipp:

Zur Unterstützung und zur Beschleunigung des Verfahrens sollte der Schuldner dem Insolvenzgericht mitteilen, welche Zwangsvollstreckungsmaßnahmen noch gegen ihn ausgebracht sind.

V

Wohlverhaltensphase

VI

Die Wohlverhaltensphase beginnt

Ist das Eröffnungsverfahren abgeschlossen, beginnt nun der Lauf der insgesamt sechsjährigen Wohlverhaltensphase, die nach ihrem Abschluss zur Restschuldbefreiung führen soll. Auf die Wohlverhaltensphase wird die Zeit zwischen dem Antrag auf Eröffnung des Verfahrens und dem Schlussverteilungstermin angerechnet. So beginnt die Wohlverhaltensphase eigentlich schon mit dem Eingang des Eröffnungsantrags beim Amtsgericht. Der Treuhänder hat während dieser Zeit die Aufgabe, die abgetretenen Einkommensanteile auf einem Konto zu sammeln und am jeweiligen Jahresende (auch andere Vereinbarung möglich) gemäß dem beschlossenen Verteilungsplan auf die Gläubiger aufzuteilen. Seine Vergütungen sowie seine Auslagen hält er von den abgetretenen Beträgen entsprechend ihrer Höhe ein.

VI Die Aufgabe des Schuldners in dieser Phase besteht darin, die Obliegenheitspflichten nach § 295 InsO zu erfüllen (vgl. hierzu Seite 35). Ein Verstoß gegen diese Pflichten kann, wie auch beim außergerichtlichen Vergleich, zur Versagung der Restschuldbefreiung führen. Hier allerdings sind die Folgen schlimmer, da ein neues förmliches Insolvenzverfahren erst nach Ablauf von zehn Jahren möglich ist. Es sollte also immer ein Verstoß gegen die Obliegenheitspflichten vermieden werden.

Praxis-Tipp:

Melden Sie grundsätzlich alle Veränderungen in den Einkommens-, Vermögens- und Familienverhältnissen. Die Meldung sollte sowohl an das Insolvenzgericht und an den Treuhänder gerichtet werden. Hier gilt: Besser eine Meldung zu viel – als eine zu wenig!

Schuldnerberatung – die Adresse für Rat und Zuspruch

Da die Wohlverhaltensphase sehr lang ist und zusätzlich zwingt, mit sehr wenig Geld auskommen zu müssen, ist es zu empfehlen, einen Haushaltsplan aufzustellen. Dieser Haushaltsplan soll helfen, die geringen Mittel so zu verteilen, dass nicht weitere zusätzliche Schwierigkeiten auftreten. Bei der Aufstellung des Haushaltsplanes können beispielsweise soziale Einrichtungen helfen. Der Schuldner kann sich aber auch an eine Schuldnerberatung wenden. Gerade die Schuldnerberatungen können aufgrund ihrer Erfahrungen mit vielen nützlichen und helfenden Tipps unterstützen.

Neben der finanziellen Schuldnerberatung können die Schuldnerberatungsstellen auch eine soziale Beratung durchführen. Sie ist immer dann notwendig, wenn die hohe Belastung zu familiären Problemen führt. Nach den Erfahrungen der Verbraucher- und Schuldnerberatungen lässt sich die Wohlverhaltensphase nur durchhalten, wenn die gesamte Familie an einem Strang zieht. Streitigkeiten oder Vorwürfe führen hier nur zu zusätzlichen Belastungen. Schuldner sollten also nach Möglichkeit die Einrichtungen der Schuldnerberatungen oder anderer sozialer Einrichtungen nutzen.

VI

Praxis-Tipp:
Nutzen Sie die Einrichtungen der Verbraucher- und Schuldnerberatungen bezüglich der häuslichen und sozialen Beratung.

Neue Schulden vermeiden

Neue Verbindlichkeiten in der Wohlverhaltensphase werden nicht von der Restschuldbefreiung erfasst. Wer neue Verbindlichkeiten während der Wohlverhaltensphase schafft, die erneut nicht ausgeglichen werden können, muss nach Ablauf des laufenden Verfahrens ein neues Verfahren anstreben. Allerdings ist hier nur ein außergerichtlicher Vergleich möglich, da ein förmliches Verfahren wegen der Sperrfrist von zehn Jahren nicht sofort wieder eröffnet werden kann.

Haben Schuldner laufenden Unterhaltsverpflichtungen gegenüber einer unterhaltsberechtigten Person, müssen diese aus dem unpfändbaren Teil des Einkommens aufgebracht werden. Eine Beteiligung bzw. ein quotenmäßiger Abgleich durch den Treuhänder findet nicht statt. Leistet der Schuldner während der Wohlverhaltensphase keine Unterhaltszahlungen an den Berechtigten, baut dieser über den gesamten Zeitraum wieder neue Schulden auf.

Beispiel:

Nichtzahlung von Unterhalt während der Wohlverhaltensphase

Der Schuldner Ludwig Meier befindet sich derzeit in der Wohlverhaltensphase. Der pfändbare Teil des Einkommens ist an den Treuhänder abgetreten. Aus der Ehe mit Frau Else Meier resultiert das gemeinsame Kind Jennifer. Gegenüber Jennifer ist Herr Meier mit monatlich 150 EUR zum Unterhalt verpflichtet. Diesen Unterhalt zahlt Herr Meier nicht, da er der Meinung ist, zur Zahlung in der Wohlverhaltensphase nicht verpflichtet zu sein.

Aufgrund der Nichtzahlung des Unterhalts baut Herr Meier eine neue Schuld i. H. v. 10 800 EUR auf. Dies kann dazu führen, dass eine neue Zahlungsunfähigkeit eintritt.

VI

Am Ziel: Restschuldbefreiung

VII

Geschafft – eine Zukunft ohne Schuldenlast

Ist die Wohlverhaltensphase nach sechs Jahren abgelaufen, hat das Insolvenzgericht zu entscheiden, ob eine Restschuldbefreiung eintreten soll. Bevor die eigentliche Entscheidung getroffen wird, hört das Insolvenzgericht nochmals die Insolvenzgläubiger, den Treuhänder und den Schuldner (§ 300 Abs. 1 InsO) an. Im Rahmen dieser Anhörung erhält somit jeder der Beteiligten die Gelegenheit, Sachverhalte vorzubringen, die eine Restschuldbefreiung versagen können. Restschuldversagungsgründe liegen vor, wenn der Schuldner

- während der Laufzeit der Abtretungsphase gegen die Obliegenheitspflichten verstoßen hat und dem Schuldner ein Verschulden nachzuweisen ist

- keine Auskunft erteilt oder die eidesstattliche Versicherung ohne hinreichende Entschuldigung nicht abgibt oder zu dem ordnungsgemäß geladenen Termin zur Abgabe der eidesstattlichen Versicherung ohne hinreichende Entschuldigung nicht erscheint

- in dem Zeitraum zwischen Schlusstermin und Aufhebung des Insolvenzverfahrens oder während der Laufzeit der Abtretungserklärung wegen einer Straftat nach den §§ 283 bis 283c des Strafgesetzbuches rechtskräftig verurteilt wird

Allerdings wird das Insolvenzgericht in solchen Fällen die Restschuldbefreiung nur versagen, wenn der Verstoß gegen die Obliegenheitsverpflichtung auch zu einer Gläubigerbenachteiligung geführt hat.

Bringt ein Gläubiger Sachverhalte vor, die gegen eine Restschuldbefreiung sprechen, so muss er diese auch glaubhaft darstellen. Er trägt somit die Nachweis- und Beweispflicht. Kann der Gläubiger keine Beweise und Nachweise erbringen, wird das Gericht nicht die Restschuldbefreiung versagen.

Stimmen Gläubiger und der Treuhänder dem Antrag zu bzw. können sie keine sachlichen Gründe vorbringen, die gegen eine Restschuldbefreiung sprechen, kann die Restschuldbefreiung erteilt werden.

Wichtig: Mit Urteil vom 3.12.2009 hat der BGH entschieden, dass die Entscheidung über die Restschuldbefreiung nach Ablauf von 6 Jahren ab Eröffnung des Insolvenzverfahrens ergehen muss – auch und vor allem dann, wenn das Verfahren noch nicht beendet ist.

Welche Wirkung der Beschluss über Restschuldbefreiung hat

Die eigentliche Restschuldbefreiung wird per Beschluss des Insolvenzgerichts vorgenommen. Allerdings hat der Schuldner und jeder Gläubiger das Recht, gegen diesen Beschluss das Rechtsmittel der Beschwerde einzulegen, wenn der Schuldner oder der entsprechende Gläubiger im Anhörungsverfahren die Versagung der Restschuldbefreiung beantragt hat.

Liegt eine wirksame Beschwerde vor, wird der Beschluss erst wirksam, wenn das Insolvenzgericht über die Beschwerde abschließend entschieden hat. Wird der Beschwerde stattgegeben, so ist vom Insolvenzgericht zu prüfen, ob die vorgebrachten Versagungsgründe eine Restschuldbefreiung ausschließen oder ob eine Nachbesserung erfolgen kann.

VII

Die Wirkung des Beschlusses

Ist der Beschluss über die Restschuldbefreiung wirksam, entfaltet er gegenüber allen Beteiligten folgende Wirkung:

- Die nicht ausgeglichenen und zu Beginn der Verfahrenseröffnung bestandenen Forderungen der Insolvenzgläubiger gegen den Schuldner können nicht mehr gegen diesen vollstreckt werden. Dies gilt auch für die Forderungen von Gläubigern, die sich nicht an dem Verfahren beteiligen wollten.

- Der Schuldner wird auch von Regressansprüchen, die Mitschuldner und Bürgen gegen ihn haben, befreit. Dies gilt auch für andere Rückgriffsrechte.

- Der Schuldner wird gegenüber den Bürgen, Mitschuldnern oder anderen Rückgriffsberechtigten von Forderungen befreit.

Nachträglicher Widerruf

Die Restschuldbefreiung kann allerdings wieder widerrufen werden, wenn sich innerhalb eines Jahres nach der Rechtskraft der Entscheidung über die Restschuldbefreiung herausstellt, dass der Schuldner gegen die Obliegenheitspflichten vorsätzlich verstoßen und dies zu einer erheblichen Gläubigerbenachteiligung geführt hat. Voraussetzung ist hierbei, dass der Gläubiger die Benachteiligung nachweist und von dem Sachverhalt erst innerhalb des Jahres nach der Rechtskraft des Beschlusses Kenntnis erlangt hat.

Wird dem Schuldner der Verstoß nachgewiesen, wird der Restschuldbefreiungsbeschluss nachträglich aufgehoben. Dies hat zur Folge, dass alle Verbindlichkeiten wieder in voller Höhe valutieren und die Gläubiger sofort wieder gegen den Schuldner vollstrecken können. Ein erneutes Restschuldbefreiungsverfahren ist erst nach Ablauf der Sperrfrist möglich.

Ist die nachträgliche Widerrufsfrist abgelaufen oder wurde der Widerrufsantrag zurückgewiesen, ist das Verfahren endgültig beendet.

Besonderheit: Absonderungsrechte

Hatte ein Gläubiger bereits vor Eintritt in das Verfahren ein Absonderungsrecht an bestimmten Vermögensgegenständen des Schuldners, so bleibt dies auch weiterhin bestehen. Der Gläubiger hat diesbezüglich die Möglichkeit, diesen gesicherten Gegenstand aus der Insolvenzmasse zu seinen Gunsten ausschließen zu lassen. Er behält somit das Recht, diesen Gegenstand auch nach der erfolgten Restschuldbefreiung noch zu verwerten. Paradebeispiel für solche Absonderungsrechte sind die Sicherungshypotheken bei Grundvermögenswerten.

Hilfreiche Adressen

Wer eine kostengünstige Beratung möchte, wendet sich an die Schuldnerberatungsstellen oder an andere Einrichtungen wie Caritas, Paritätischer Wohlfahrtsverband, Arbeiterwohlfahrt oder Landratsämter.

Schuldnerberatungsstellen in der Nähe des Wohnorts findet man über die genannten Anschriften, im Internet oder in den Gelben Seiten.

Bei Fragen zum Verbraucherinsolvenzverfahren

**Bundesarbeitsgemeinschaft
Schuldnerberatung e. V.**
Friedrichplatz 10
34117 Kassel
Tel.: 05 61/77 10 93
www.BAG-Schuldnerberatung.de

**Bundesministerium für Familie,
Senioren, Frauen und Jugend**
Glinkastr. 24
10117 Berlin
Tel.: 0 30 18/55 50
www.bmfsfj.de

Bundesministerium der Justiz
Mohrenstr. 37
10117 Berlin
Tel.: 0 30/20 1 85 80-0
www.bmj.bund.de

Verbraucherzentralen

Internet: www.verbraucherzentrale.com (Deutschlandverzeichnis)

**Verbraucherzentrale
Baden-Württemberg e. V.**
Paulinenstr. 47
70178 Stuttgart
Tel.: 07 11/66 91 10
www.vz-bawue.de

**Verbraucherzentrale
Bayern e. V.**
Mozartstr. 9
80336 München
Tel.: 0 89/53 98 70
www.verbraucherzentrale-bayern.de

**Verbraucherzentrale
Berlin e. V.**
Hardenbergplatz 2
10623 Berlin
Tel.: 0 30/21 48 50
www.vz-berlin.de

**Verbraucherzentrale
Brandenburg e. V.**
Templiner Str. 21
14473 Potsdam
Tel.: 03 31/29 87 10
www.vzb.de

**Verbraucherzentrale
des Landes Bremen e. V.**
Altenweg 4
28195 Bremen
Tel.: 04 21/16 07 77
www.verbraucherzentrale-bremen.de

**Verbraucherzentrale
Hessen e. V.**
Große Friedberger Str. 13–17
60313 Frankfurt am Main
Tel.: 0 18 05/97 20 10
www.verbraucher-zentrale-hessen.
de

**Verbraucherzentrale
Niedersachsen e. V.**
Herrenstr. 14
30159 Hannover
Tel.: 05 11/9 11 96-0
www.vzniedersachsen.de

**Verbraucherzentrale
Rheinland-Pfalz e. V.**
Seppel-Glückert-Passage 10
55116 Mainz
Tel.: 0 61 31/28 48 20
www.vz-rlp.de

**Verbraucherzentrale
Sachsen e. V.**
Brühl 34–38
04109 Leipzig
Tel.: 03 41/2 61 04 50
www.vzs.de

**Verbraucherzentrale
Schleswig-Holstein e. V.**
Andreas-Gayk-Str. 15
24103 Kiel
Tel.: 04 31/59 09 90
www.verbraucherzentrale-sh.de

**Verbraucherzentrale
Hamburg e. V.**
Kirchenallee 22
20099 Hamburg
Tel.: 0 40/2 48 32-0
www.vzhh.de

**Verbraucherzentrale
Mecklenburg-
Vorpommern e. V.**
Strandstr. 98
18055 Rostock
Tel.: 03 81/20 87 05 0
www.nvzmv.de

**Verbraucherzentrale
Nordrhein-Westfalen e. V.**
Mintropstr. 27
40215 Düsseldorf
Tel.: 02 11/3 80 90
www.vz-nrw.de

**Verbraucherzentrale
des Saarlandes e. V.**
Trierer Str. 22
66111 Saarbrücken
Tel.: 06 81/5 00 89-0
www.vz-saar.de

**Verbraucherzentrale
Sachsen-Anhalt e. V.**
Steinbockgasse 1
06108 Halle
Tel.: 03 45/2 98 03 29
www.vzsa.de

**Verbraucherzentrale
Thüringen e. V.**
Eugen-Richter-Str. 45
99085 Erfurt
Tel.: 03 61/5 55 14-0
www.vzth.de

VIII

Musterbriefe und Pfändungstabelle

IX

Musterbriefe

1. Anforderung einer Forderungsaufstellung

Grundsätzlich kann ein Schreiben an einen Gläubiger frei formuliert werden. Eine besondere Form ist nicht verlangt. Dies bedeutet für Sie, dass die Anforderung einer Forderungsaufstellung für jeden Gläubiger gleich formuliert werden kann. Sie können also den Brief einmal ohne Anschrift formulieren und entsprechend der Anzahl der Gläubiger kopieren. Tragen Sie dann die entsprechenden Anschriften nach.

Musterbrief

Lieschen Müller
Hopfenweg 4
45000 Essen

per Einschreiben

An das
Finanzamt Essen
Postfach

45200 Essen

Essen, ...

Anforderung einer Forderungsaufstellung
Steuernummer 110/5555/4321

Sehr geehrte Damen und Herren,

leider bin ich aufgrund der vielen Forderungen an meine Person nicht mehr in der Lage, meine Verbindlichkeiten zu erfüllen. Ich beabsichtige daher, in Kürze von dem Verbraucherinsolvenzverfahren Gebrauch zu machen. Im Rahmen des außergerichtlichen Einigungsverfahrens bitte ich Sie höflichst um eine genaue Aufstellung Ihrer Forderungen. Die Forderungsaufstellung sollte nach Möglichkeit in Hauptforderung, Kosten und Zinsen getrennt gegliedert sein. Weiterhin bitte ich um Mitteilung, welche der Forderungen tituliert sind und für welche Forderungen eventuell Pfändungen ausgebracht oder Abtretungen erteilt worden sind.

Um Übersendung Ihrer Forderungsaufstellung bis zum

10.1.20…

wird gebeten.

Mit freundlichen Grüßen

IX

2. Verjährung

Ist bei einer an Sie gerichteten Forderung eine Verjährung eingetreten, ist dies dem Gläubiger schriftlich mitzuteilen.

Sachverhalt: Klaus Klein hatte im Jahre 2005 bei der Firma Jung
eine umfangreiche Reparatur an seinem Auto durchführen lassen.
Da Herr Klein 2010 einen außergerichtlichen Einigungsversuch an-
strebt, bittet er die Firma Jung um eine Forderungsaufstellung. Erst
jetzt fällt der Firma Jung auf, dass sie die Forderung bisher nicht
angemahnt hat. Entsprechend wurden auch keine Vollstreckungsmaßnahmen eingeleitet. Obwohl eine Verjährung eingetreten ist,
meldet die Firma Jung Herrn Klein die offene Forderung.

Musterbrief

Klaus Klein
Friedensstr. 4
30001 Hamburg

Firma
Jung
Elbchaussee 24–27

30023 Hamburg

Hamburg, ...

Zahlungsverjährung Ihrer Forderung
Ihr Schreiben vom ....

IX

Sehr geehrte Damen und Herren,

mit Ihrem Schreiben vom .... teilten Sie mir mit, dass Sie noch eine Forderung in Höhe von .... Euro aus Reparaturleistungen an meinem Pkw gegen
mich haben.

Nach der Überprüfung meiner Unterlagen stelle ich fest, dass bezüglich Ihrer
Forderung eine Zahlungsverjährung eingetreten ist. Die Verjährungsfrist für die
Forderung begann mit Ablauf des Jahres 2005 und endete am 31.12.2008, da Sie
keine verjährungshemmenden Maßnahmen eingeleitet haben.

Ich teile Ihnen mit, dass dementsprechend Ihre Forderung nicht mehr anerkannt
wird. Sollten Sie hiermit nicht einverstanden sein, so bitte ich um Mitteilung,
wann und wo Sie die Forderung letztmalig nachweislich geltend gemacht haben.

Mit freundlichen Grüßen

3. Antrag auf Erlass von Säumniszuschlägen

Musterbrief

Lieschen Müller
Hopfenweg 4
45000 Essen

per Einschreiben

An das
Finanzamt Essen
Postfach

45200 Essen

Essen, ...

Antrag auf Erlass der Säumniszuschläge
Steuernummer 110/5555/4321

Sehr geehrte Damen und Herren,

leider bin ich aufgrund der vielen Forderungen an meine Person nicht mehr in der Lage, meine Verbindlichkeiten zu erfüllen. Ich beabsichtige daher, in Kürze von dem Verbraucherinsolvenzverfahren Gebrauch zu machen. Aufgrund meiner Zahlungsunfähigkeit beantrage ich den hälftigen Erlass der entstandenen Säumniszuschläge.

Ich bin seit dem ...... zahlungsunfähig. Wie Sie aus der Anlage ersehen können, wurde aus diesem Grunde bereits ... (z. B. mein Konto) gepfändet.

Auch erlaubt mein derzeitiges Einkommen i. H. v. ... Euro keine ausreichenden Tilgungsbeträge.

Mit freundlichen Grüßen

4. Zahlungsplan an gleichrangige Gläubiger

Der Sachverhalt stellt sich wie folgt dar: Der Insolvenzschuldner Friedrich Lange schuldet der Firma Otte am 1.1.2010 noch 2 000 Euro. Das pfändbare Einkommen beträgt monatlich 140 Euro. Gemäß den Ermittlungen erhält die Firma Otte eine Forderungsquote von 15 %. Abtretungsgläubiger sind nicht vorhanden.

Musterbrief

Friedrich Lange
Königsstr. 13
45000 Essen

per Einschreiben mit Rückschein

Firma
Otte
Wertweg 300

50000 Köln

Essen, ...

Vergleichsvorschlag im Sinne des Verbraucherinsolvenzverfahrens

Sehr geehrte Damen und Herren,

leider ist bei mir ab dem 12.4.2005 nachweislich wegen meiner hohen Gesamtverschuldung eine Zahlungsunfähigkeit eingetreten. Dennoch möchte ich versuchen, meine Verbindlichkeiten in einem gewissen Rahmen zu tilgen. Im Sinne der Verbraucherinsolvenzregelung möchte ich Sie bitten, den folgenden Vergleichsvorschlag auf der Grundlage der beiliegenden Anlagen zu akzeptieren:

Entsprechend der in der Anlage befindlichen Berechnungen habe ich für Sie eine Forderungsquote in Höhe von 15 % des pfändbaren Betrages von 140 Euro (gemäß § 850c ZPO) errechnet. Die Rückführung der Schuld erfolgt nach Ihrer Zustimmung in 72 gleichen Monatsraten. Nach Ablauf des Zahlungszeitraumes müssten Sie auf 236 Euro Ihrer Forderung verzichten.

Die Raten sind jeweils bis zum 10. des Monats fällig. Der pfändbare Betrag ist monatlich anzupassen, wenn das monatliche Einkommen sich um mehr als 10 % oder aufgrund der familiären Verhältnisse sich der pfändbare Betrag verändert. Sollte ich meine bisherige Arbeitsstelle ohne Eigenverschulden verlieren, so liegt kein Verstoß gegen den Vergleichsvorschlag vor, wenn ich die Obliegenheiten im Sinne des § 295 InsO erfülle. Zur Sicherung Ihrer Interessen verpflichte ich mich, Ihnen auf Verlangen meine Einkommensnachweise vorzulegen.

Weiteres verwertbares Vermögen liegt nicht vor. Ich bitte Sie nochmals um Zustimmung, da ein außergerichtlicher Vergleich nur dann Erfolg hat, wenn alle Gläubiger zustimmen.

Mit freundlichen Grüßen

IX

5. Zahlungsplan bei nur einem Gläubiger

Ist nur ein Gläubiger vorhanden, können Sie sich grundsätzlich etwas kürzer als in den übrigen Schreiben fassen. Jedoch müssen auch hier alle Rahmenpunkte enthalten sein.

Folgender Sachverhalt: Gerd Kripp hat bei der Centrums Bank Verbindlichkeiten in Höhe von 40 000 Euro. Die Centrums Bank ist der einzige Gläubiger des Herrn Kripp (Forderungsquote 100 %). Aufgrund der Zinsvereinbarungen ist es Herrn Kripp nicht mehr möglich, diese Schulden auf dem normalen Wege auszugleichen. Die Schuldnerberatungsstelle stellt nach Prüfung der Unterlagen fest, dass bei Herrn Kripp eine Zahlungsunfähigkeit eingetreten ist. Der pfändbare Teil des Einkommens beträgt 135 Euro.

Musterbrief

Gerd Kripp
Grunestr. 200
44006 Bochum

per Einschreiben mit Rückschein

An die
Centrums Bank
Lindenallee 3–8

44001 Bochum

Bochum, ...

Vergleichsvorschlag im Sinne des Verbraucherinsolvenzverfahrens

Sehr geehrte Damen und Herren,

aufgrund des hohen Valutastands Ihrer Forderung bin ich seit dem 12.5.2005 nachweislich zahlungsunfähig geworden. Im Rahmen eines außergerichtlichen Vergleichs möchte ich allerdings einen Teil Ihrer Forderung begleichen. Gemäß den Regelungen zur Verbraucherinsolvenz haben Sie bei einem vereinfachten Insolvenzverfahren Anspruch auf eine sechsjährige Tilgung der Forderung. Da kein weiteres Vermögen vorhanden ist, erhalten Sie monatlich den pfändbaren Teil meines Einkommens gemäß § 850c ZPO.

IX

Nach Ablauf der Zahlungszeitraumes müssten Sie auf 28 660 Euro Ihrer Forderung verzichten.

Die Raten sind jeweils bis zum 10. des Monats fällig. Der pfändbare Betrag ist monatlich anzupassen, wenn das monatliche Einkommen sich um mehr als 10 % oder sich aufgrund der familiären Verhältnisse der pfändbare Betrag verändert. Sollte ich meine bisherige Arbeitsstelle ohne Eigenverschulden verlieren, so liegt kein Verstoß gegen den Vergleichsvorschlag vor, wenn ich die Obliegenheiten im Sinne des § 295 InsO erfülle. Zur Sicherung Ihrer Interessen verpflichte ich mich, Ihnen auf Verlangen meine Einkommensnachweise vorzulegen.

Ich bitte Sie nochmals um Zustimmung, da ein außergerichtlicher Vergleich weitere Kosten für ein gerichtliches Verfahren vermeidet.

Mit freundlichen Grüßen

6. Zahlungsplan bei einmaligem Ausgleich der Forderung mit Verzichtserklärung

Ist eine Forderung so gering, dass es sich für eine Ratenzahlung nicht lohnt, kann der Schuldner – sofern Mittel vorhanden – auch vorschlagen, dass der Betrag in einer Summe gemäß der Forderungsquote gezahlt wird. Anders als bei den vorherigen Musterschreiben sollte eine Verzichtserklärung mit dem Schreiben verbunden werden. Achten Sie dabei darauf, dass Sie dieses in zweifacher Ausfertigung erstellen. Der Gläubiger muss Ihnen die Verzichtserklärung gegenzeichnen. Weiterhin ist das Schreiben mit einer Sicherungsklausel zu versehen.

Sachverhalt: Unter den Gläubigern des Insolvenzschuldners Hans Klein befindet sich die Firma Junghans mit einer Forderung von 1 125 Euro. Gemäß dem tabellarischen Zahlungsplan ist der Firma Junghans eine Forderungsquote von 10 % zuzurechnen. Herr Klein möchte den Betrag von 112,50 Euro in einer Summe zu Beginn des Verfahrens ausgleichen.

IX

Musterbrief

Hans Klein
Glücksstr. 39
60001 Saarbrücken

per Einschreiben mit Rückschein

Firma
Junghans
Hausweg 3

69876 Saarbrücken

Saarbrücken, ...

Vergleichsvorschlag im Sinne des Verbraucherinsolvenzverfahrens

Verzichtserklärung

Sehr geehrte Damen und Herren,

leider ist bei mir ab dem 12.4.2005 nachweislich wegen meiner hohen Gesamtverschuldung eine Zahlungsunfähigkeit eingetreten. Dennoch möchte ich versuchen, meine Verbindlichkeiten in einem gewissen Rahmen zu tilgen. Im Sinne der Verbraucherinsolvenzregelung möchte ich Sie bitten, den folgenden Vergleichsvorschlag auf der Grundlage der beiliegenden Anlagen zu akzeptieren:

IX

Aufgrund des Schuldenbereinigungsplans ist Ihnen eine Forderungsquote von 10 % zugerechnet worden. Gemäß der Berechnung bedeutet dies, dass Sie leider nur einen Betrag von 112,50 Euro erhalten werden. Aufgrund der nur geringen Summe möchte ich diesen innerhalb von drei Monaten nach dem getroffenen Vergleich an Sie auszahlen.

Entsprechend der vorgenannten Gründe bitte ich um Unterzeichnung der folgenden Verzichtserklärung.

Verzichtserklärung

Wir, die Firma Junghans, verzichten auf die restliche Forderung in Höhe von 1 012,50 Euro, sofern der oben genannte Betrag auf unser Konto eingeht. Alle bisher entstandenen Kosten des Verfahrens sind ebenfalls Gegenstand des Erlasses. Die Verzichtserklärung erlischt, wenn die weiteren Gläubiger dem außergerichtlichen Einigungsversuch nicht zustimmen oder die vereinbarte Zahlung nicht eingeht. Weiterhin wird die Verzichtserklärung ungültig, wenn der Schuldner gegen die Obliegenheitspflichten im Sinne des § 295 InsO verstoßen hat und somit eine Restschuldbefreiung nicht zustande kommt.

Saarbrücken, ...

_____   _____
Firma Junghans   Hans Klein

Achtung: Sollte ein Gläubiger im Besitz eines vollstreckbaren Titels sein oder die Abgabe der eidesstattlichen Versicherung veranlasst haben oder eine Bank sein, so ist die Vergleichsvereinbarung um folgende Sätze zu ergänzen:

Der Gläubiger verpflichtet sich, nach Erhalt der vereinbarten Zahlung und ordnungsgemäßer Durchführung des Insolvenzverfahrens die vollstreckbare Ausfertigung des Schuldtitels an den Schuldner herauszugeben. Weiterhin verpflichtet sich der Gläubiger, eine Erledigungsmeldung an die SCHUFA zu geben und eine Löschungsbewilligung für das Schuldnerverzeichnis zu erteilen.

7. Antrag auf Heraufsetzung der Pfändungsfreigrenze

Wurden bereits Pfändungen gegen Lohn oder Gehalt ausgebracht, kann der Schuldner auch bei Bedarf die Pfändungsfreigrenze durch das Vollstreckungsgericht anheben lassen. Neben dem eigentlichen Antrag ist der Nachweis zu erbringen, dass es einer Heraufsetzung aus tatsächlichen Gründen bedarf.

Sachverhalt: Claudia Jung, ledig, ist überschuldet. Zu ihren Gläubigern gehören die CC Bank und die Firma Klasen. Beide Gläubiger haben gegen Frau Jung eine Lohnpfändung erwirkt. Da Frau Jung allerdings wegen ihres behinderten Kindes einen höheren Bedarf an Lebenshaltungskosten hat, wendet sie sich an das „Sozialamt". Das „Sozialamt" ermittelt das sozialrechtliche Existenzminimum nach SGB II und stellt fest, dass sich vom Einkommen der Jung eigentlich keine pfändbaren Beträge ergeben dürften.

IX

Musterbrief

Claudia Jung
Horster Str. 34
46501 Gelsenkirchen

An das
Amtsgericht Gelsenkirchen
– Vollstreckungsstelle –
Gelsenkirchener Str. 34–38

46522 Gelsenkirchen

Gelsenkirchen, ...

**Antrag auf Anhebung der Pfändungsfreigrenze gemäß § 850f ZPO
(Aktenzeichen: *sofern vorhanden*)**

Hiermit beantrage ich die Anhebung der Pfändungsfreigrenze gemäß § 850f ZPO nach Maßgabe der beigefügten Bescheinigung des sozialrechtlichen Existenzminimums nach SGB II.

Der Antrag ist notwendig, da die Gläubiger

> CC Bank, Essener Str. 34, 46501 Gelsenkirchen und
> Firma Klasen, Hollweg 37, 45327 Essen,

aufgrund der beigefügten Pfändungs- und Überweisungsbeschlüsse mein Einkommen gepfändet haben.

Bis zur rechtskräftigen Entscheidung über meinen Antrag beantrage ich, die Zwangsvollstreckung ohne Festsetzung einer Sicherheitsleistung einzustellen.

IX Mit freundlichen Grüßen

Anlagen:
Bescheinigung des „Sozialamts"
Einkommensnachweise
Pfändungs- und Überweisungsbeschlüsse
Nachweis über die Haushaltsmitglieder
Mietnachweis
Aufstellung der Mietnebenkosten
Behindertenausweis
Aufstellung der zusätzlichen Kosten

Achtung: Der Antrag ist nicht an das Amtsgericht zu richten, wenn der Gläubiger eine öffentlich-rechtliche Körperschaft (z. B. Finanzamt) ist, sondern an diese direkt. Sie können aber den oben aufgeführten Antrag gleichermaßen benutzen.

8. Auszahlung des unpfändbaren Einkommens an die Bank (kein P-Konto beantragt)

Zahlt die Bank das Einkommen nicht aus, weil sie noch eigene Ansprüche (z. B. Überziehung des Dispokredits) hat, ist sie dazu nur insoweit berechtigt, wie sich pfändbare Beträge aus dem Einkommen ergeben. Werden wegen bestehender Abtretungen nur unpfändbare Beträge auf das Girokonto überwiesen, darf die Bank nicht aufrechnen. Das heißt, die Bank muss Ihr Einkommen trotz eigener Ansprüche auszahlen.

Beispiel:

Friedrich Klöhn hat die pfändbaren Teile seines Einkommens an einen Treuhänder abgetreten. Der unpfändbare Teil des Einkommens wird auf das Girokonto bei der Franken Bank überwiesen. Als Herr Klöhn dieses Einkommen von seinem Konto abheben wollte, eröffnete ihm die Bank, dass sie von ihrem Aufrechnungsrecht Gebrauch machte und keine Beträge bis zur Rückführung des Dispokredits auszahlen wird.

Musterbrief

Friedrich Klöhn
Friedrich-Ebert-Str. 23
45338 Essen

An die
Franken Bank
Lindenallee 7

45127 Essen

IX

Essen, ...

Rechtswidrige Einhaltung der unpfändbaren Teile meines Einkommens
Kontonummer: 56 47 435

Sehr geehrte Damen und Herren,

leider musste ich feststellen, dass Sie wegen der Überziehung meines Dispokredits keine Auszahlungen von meinem Konto durchführen, da Sie von Ihrem Aufrechnungsrecht Gebrauch machen.

Die Aufrechnung ist nach § 394 BGB aber nur für die Beträge zulässig, die den pfändbaren Teil des Einkommens bilden. Die auf meinem Konto eingehenden

Beträge sind gemäß § 850c ZPO unpfändbar. Die pfändbaren Teile sind bereits an einen Treuhänder abgetreten und werden direkt von meinem Arbeitgeber dorthin überwiesen.

Ich bitte um die umgehende Auszahlung meines unpfändbaren Einkommens. Sollten Sie sich weiterhin weigern, so werde ich eine entsprechende Klage im Sinne des § 850k ZPO gegen Sie einleiten.

Mit freundlichen Grüßen

9. Fehlen einer Gläubigerablehnung

Sollte ein Gläubiger es trotz Erinnerung versäumen abzulehnen, ist der Eröffnungsantrag bezüglich des Gläubigerverzeichnisses mit einem Vermerk über die Haltung des Gläubigers zu versehen. Dabei sind die einzelnen Anschreiben dem Vermerk beizufügen.

Mustervermerk

Der Gläubiger Karl Stur hat trotz mehrfacher Aufforderungen auf den außergerichtlichen Einigungsversuch nicht reagiert. Das Anschreiben ist den Unterlagen beigefügt.

IX

Lohnpfändungstabelle

Arbeits- und Orientierungsgrundlage ist stets die aktuell gültige Lohnpfändungstabelle, hier mit den monatlichen Lohnzahlungen. Rechtskräftig zum Zeitpunkt des Erscheinens der 5. Auflage dieses Ratgebers ist die Lohnpfändungstabelle 2005.*

Grundlage für die Berechnung der Pfändungsbeträge ist das monatliche Nettoeinkommen. Die Beträge auf der linken Seite stellen den monatlichen Nettolohn des Schuldners dar, die anderen Spalten bezeichnen die hiervon pfändbaren Beträge bezogen auf die Zahl der Personen, gegenüber denen der Schuldner unterhaltspflichtig ist.

Beispiel:

Dieter Müller hat ein monatliches Nettoeinkommen von 1 880 EUR. Er ist gegenüber seiner Ehefrau und seinen zwei Kindern unterhaltspflichtig. Der pfändbare Betrag nach der Tabelle beträgt somit monatlich 63 EUR.

Lohnpfändungstabelle 2005*

Netto-Lohn monatlich in EUR	Pfändbarer Betrag bei Unterhaltspflicht für ... Personen					
	0	1	2	3	4	5 und mehr
bis 939,99	–	–	–	–	–	–
940,00 bis 949,99	7,00	–	–	–	–	–
950,00 bis 959,99	14,00	–	–	–	–	–
960,00 bis 969,99	21,00	–	–	–	–	–
970,00 bis 979,99	28,00	–	–	–	–	–
980,00 bis 989,99	35,00	–	–	–	–	–
990,00 bis 999,99	42,00	–	–	–	–	–
1000,00 bis 1009,99	49,00	–	–	–	–	–
1010,00 bis 1019,99	56,00	–	–	–	–	–
1020,00 bis 1029,99	63,00	–	–	–	–	–
1030,00 bis 1039,99	70,00	–	–	–	–	–
1040,00 bis 1049,99	77,00	–	–	–	–	–
1050,00 bis 1059,99	84,00	–	–	–	–	–

IX

Musterbriefe und Pfändungstabelle

Netto-Lohn monatlich in EUR	Pfändbarer Betrag bei Unterhaltspflicht für ... Personen					
	0	1	2	3	4	5 und mehr
1060,00 bis 1069,99	91,00	–	–	–	–	–
1070,00 bis 1079,99	98,00	–	–	–	–	–
1080,00 bis 1089,99	105,00	–	–	–	–	–
1090,00 bis 1099,99	112,00	–	–	–	–	–
1100,00 bis 1109,99	119,00	–	–	–	–	–
1110,00 bis 1119,99	126,00	–	–	–	–	–
1120,00 bis 1129,99	133,00	–	–	–	–	–
1130,00 bis 1139,99	140,00	–	–	–	–	–
1140,00 bis 1149,99	147,00	–	–	–	–	–
1150,00 bis 1159,99	154,00	–	–	–	–	–
1160,00 bis 1169,99	161,00	–	–	–	–	–
1170,00 bis 1179,99	168,00	–	–	–	–	–
1180,00 bis 1189,99	175,00	–	–	–	–	–
1190,00 bis 1199,99	182,00	–	–	–	–	–
1200,00 bis 1209,99	189,00	–	–	–	–	–
1210,00 bis 1219,99	196,00	–	–	–	–	–
1220,00 bis 1229,99	203,00	–	–	–	–	–
1230,00 bis 1239,99	210,00	–	–	–	–	–
1240,00 bis 1249,99	217,00	–	–	–	–	–
1250,00 bis 1259,99	224,00	–	–	–	–	–
1260,00 bis 1269,99	231,00	–	–	–	–	–
1270,00 bis 1279,99	238,00	–	–	–	–	–
1280,00 bis 1289,99	245,00	–	–	–	–	–
1290,00 bis 1299,99	252,00	5,00	–	–	–	–
1300,00 bis 1309,99	259,00	10,00	–	–	–	–
1310,00 bis 1319,99	266,00	15,00	–	–	–	–
1320,00 bis 1329,99	273,00	20,00	–	–	–	–
1330,00 bis 1339,99	280,00	25,00	–	–	–	–
1340,00 bis 1349,99	287,00	30,00	–	–	–	–
1350,00 bis 1359,99	294,00	35,00	–	–	–	–
1360,00 bis 1369,99	301,00	40,00	–	–	–	–
1370,00 bis 1379,99	308,00	45,00	–	–	–	–
1380,00 bis 1389,99	315,00	50,00	–	–	–	–
1390,00 bis 1399,99	322,00	55,00	–	–	–	–
1400,00 bis 1409,99	329,00	60,00	–	–	–	–
1410,00 bis 1419,99	336,00	65,00	–	–	–	–
1420,00 bis 1429,99	343,00	70,00	–	–	–	–

IX

Netto-Lohn monatlich in EUR	Pfändbarer Betrag bei Unterhaltspflicht für ... Personen					
	0	1	2	3	4	5 und mehr
1430,00 bis 1439,99	350,00	75,00	–	–	–	–
1440,00 bis 1449,99	357,00	80,00	–	–	–	–
1450,00 bis 1459,99	364,00	85,00	–	–	–	–
1460,00 bis 1469,99	371,00	90,00	–	–	–	–
1470,00 bis 1479,99	378,00	95,00	–	–	–	–
1480,00 bis 1489,99	385,00	100,00	2,00	–	–	–
1490,00 bis 1499,99	392,00	105,00	6,00	–	–	–
1500,00 bis 1509,99	399,00	110,00	10,00	–	–	–
1510,00 bis 1519,99	406,00	115,00	14,00	–	–	–
1520,00 bis 1529,99	413,00	120,00	18,00	–	–	–
1530,00 bis 1539,99	420,00	125,00	22,00	–	–	–
1540,00 bis 1549,99	427,00	130,00	26,00	–	–	–
1550,00 bis 1559,99	434,00	135,00	30,00	–	–	–
1560,00 bis 1569,99	441,00	140,00	34,00	–	–	–
1570,00 bis 1579,99	448,00	145,00	38,00	–	–	–
1580,00 bis 1589,99	455,00	150,00	42,00	–	–	–
1590,00 bis 1599,99	462,00	155,00	46,00	–	–	–
1600,00 bis 1609,99	469,00	160,00	50,00	–	–	–
1610,00 bis 1619,99	476,00	165,00	54,00	–	–	–
1620,00 bis 1629,99	483,00	170,00	58,00	–	–	–
1630,00 bis 1639,99	490,00	175,00	62,00	–	–	–
1640,00 bis 1649,99	497,00	180,00	66,00	–	–	–
1650,00 bis 1659,99	504,00	185,00	70,00	–	–	–
1660,00 bis 1669,99	511,00	190,00	74,00	–	–	–
1670,00 bis 1679,99	518,00	195,00	78,00	–	–	–
1680,00 bis 1689,99	525,00	200,00	82,00	3,00	–	–
1690,00 bis 1699,99	532,00	205,00	86,00	6,00	–	–
1700,00 bis 1709,99	539,00	210,00	90,00	9,00	–	–
1710,00 bis 1719,99	546,00	215,00	94,00	12,00	–	–
1720,00 bis 1729,99	553,00	220,00	98,00	15,00	–	–
1730,00 bis 1739,99	560,00	225,00	102,00	18,00	–	–
1740,00 bis 1749,99	567,00	230,00	106,00	21,00	–	–
1750,00 bis 1759,99	574,00	235,00	110,00	24,00	–	–
1760,00 bis 1769,99	581,00	240,00	114,00	27,00	–	–
1770,00 bis 1779,99	588,00	245,00	118,00	30,00	–	–
1780,00 bis 1789,99	595,00	250,00	122,00	33,00	–	–

IX

Musterbriefe und Pfändungstabelle

Netto-Lohn monatlich in EUR	Pfändbarer Betrag bei Unterhaltspflicht für ... Personen					
	0	1	2	3	4	5 und mehr
1790,00 bis 1799,99	602,00	255,00	126,00	36,00	–	–
1800,00 bis 1809,99	609,00	260,00	130,00	39,00	–	–
1810,00 bis 1819,99	616,00	265,00	134,00	42,00	–	–
1820,00 bis 1829,99	623,00	270,00	138,00	45,00	–	–
1830,00 bis 1839,99	630,00	275,00	142,00	48,00	–	–
1840,00 bis 1849,99	637,00	280,00	146,00	51,00	–	–
1850,00 bis 1859,99	644,00	285,00	150,00	54,00	–	–
1860,00 bis 1869,99	651,00	290,00	154,00	57,00	–	–
1870,00 bis 1879,99	658,00	295,00	158,00	60,00	1,00	–
1880,00 bis 1889,99	665,00	300,00	162,00	63,00	3,00	–
1890,00 bis 1899,99	672,00	305,00	166,00	66,00	5,00	–
1900,00 bis 1909,99	679,00	310,00	170,00	69,00	7,00	–
1910,00 bis 1919,99	686,00	315,00	174,00	72,00	9,00	–
1920,00 bis 1929,99	693,00	320,00	178,00	75,00	11,00	–
1930,00 bis 1939,99	700,00	325,00	182,00	78,00	13,00	–
1940,00 bis 1949,99	707,00	330,00	186,00	81,00	15,00	–
1950,00 bis 1959,99	714,00	335,00	190,00	84,00	17,00	–
1960,00 bis 1969,99	721,00	340,00	194,00	87,00	19,00	–
1970,00 bis 1979,99	728,00	345,00	198,00	90,00	21,00	–
1980,00 bis 1989,99	735,00	350,00	202,00	93,00	23,00	–
1990,00 bis 1999,99	742,00	355,00	206,00	96,00	25,00	–
2000,00 bis 2009,99	749,00	360,00	210,00	99,00	27,00	–
2010,00 bis 2019,99	756,00	365,00	214,00	102,00	29,00	–
2020,00 bis 2029,99	763,00	370,00	218,00	105,00	31,00	–
2030,00 bis 2039,99	770,00	375,00	222,00	108,00	33,00	–
2040,00 bis 2049,99	777,00	380,00	226,00	111,00	35,00	–
2050,00 bis 2059,99	784,00	385,00	230,00	114,00	37,00	–
2060,00 bis 2069,99	791,00	390,00	234,00	117,00	39,00	–
2070,00 bis 2079,99	798,00	395,00	238,00	120,00	41,00	1,00
2080,00 bis 2089,99	805,00	400,00	242,00	123,00	43,00	2,00
2090,00 bis 2099,99	812,00	405,00	246,00	126,00	45,00	3,00
2100,00 bis 2109,99	819,00	410,00	250,00	129,00	47,00	4,00
2110,00 bis 2119,99	826,00	415,00	254,00	132,00	49,00	5,00
2120,00 bis 2129,99	833,00	420,00	258,00	135,00	51,00	6,00
2130,00 bis 2139,99	840,00	425,00	262,00	138,00	53,00	7,00
2140,00 bis 2149,99	847,00	430,00	266,00	141,00	55,00	8,00

IX

Netto-Lohn monatlich in EUR	Pfändbarer Betrag bei Unterhaltspflicht für ... Personen					
	0	1	2	3	4	5 und mehr
2150,00 bis 2159,99	854,00	435,00	270,00	144,00	57,00	9,00
2160,00 bis 2169,99	861,00	440,00	274,00	147,00	59,00	10,00
2170,00 bis 2179,99	868,00	445,00	278,00	150,00	61,00	11,00
2180,00 bis 2189,99	875,00	450,00	282,00	153,00	63,00	12,00
2190,00 bis 2199,99	882,00	455,00	286,00	156,00	65,00	13,00
2200,00 bis 2209,99	889,00	460,00	290,00	159,00	67,00	14,00
2210,00 bis 2219,99	896,00	465,00	294,00	162,00	69,00	15,00
2220,00 bis 2229,99	903,00	470,00	298,00	165,00	71,00	16,00
2230,00 bis 2239,99	910,00	475,00	302,00	168,00	73,00	17,00
2240,00 bis 2249,99	917,00	480,00	306,00	171,00	75,00	18,00
2250,00 bis 2259,99	924,00	485,00	310,00	174,00	77,00	19,00
2260,00 bis 2269,99	931,00	490,00	314,00	177,00	79,00	20,00
2270,00 bis 2279,99	938,00	495,00	318,00	180,00	81,00	21,00
2280,00 bis 2289,99	945,00	500,00	322,00	183,00	83,00	22,00
2290,00 bis 2299,99	952,00	505,00	326,00	186,00	85,00	23,00
2300,00 bis 2309,99	959,00	510,00	330,00	189,00	87,00	24,00
2310,00 bis 2319,99	966,00	515,00	334,00	192,00	89,00	25,00
2320,00 bis 2329,99	973,00	520,00	338,00	195,00	91,00	26,00
2330,00 bis 2339,99	980,00	525,00	342,00	198,00	93,00	27,00
2340,00 bis 2349,99	987,00	530,00	346,00	201,00	95,00	28,00
2350,00 bis 2359,99	994,00	535,00	350,00	204,00	97,00	29,00
2360,00 bis 2369,99	1001,00	540,00	354,00	207,00	99,00	30,00
2370,00 bis 2379,99	1008,00	545,00	358,00	210,00	101,00	31,00
2380,00 bis 2389,99	1015,00	550,00	362,00	213,00	103,00	32,00
2390,00 bis 2399,99	1022,00	555,00	366,00	216,00	105,00	33,00
2400,00 bis 2409,99	1029,00	560,00	370,00	219,00	107,00	34,00
2410,00 bis 2419,99	1036,00	565,00	374,00	222,00	109,00	35,00
2420,00 bis 2429,99	1043,00	570,00	378,00	225,00	111,00	36,00
2430,00 bis 2439,99	1050,00	575,00	382,00	228,00	113,00	37,00
2440,00 bis 2449,99	1057,00	580,00	386,00	231,00	115,00	38,00
2450,00 bis 2459,99	1064,00	585,00	390,00	234,00	117,00	39,00
2460,00 bis 2469,99	1071,00	590,00	394,00	237,00	119,00	40,00
2470,00 bis 2479,99	1078,00	595,00	398,00	240,00	121,00	41,00
2480,00 bis 2489,99	1085,00	600,00	402,00	243,00	123,00	42,00
2490,00 bis 2499,99	1092,00	605,00	406,00	246,00	125,00	43,00
2500,00 bis 2509,99	1099,00	610,00	410,00	249,00	127,00	44,00

IX

Netto-Lohn monatlich in EUR	Pfändbarer Betrag bei Unterhaltspflicht für … Personen					
	0	1	2	3	4	5 und mehr
2510,00 bis 2519,99	1106,00	615,00	414,00	252,00	129,00	45,00
2520,00 bis 2529,99	1113,00	620,00	418,00	255,00	131,00	46,00
2530,00 bis 2539,99	1120,00	625,00	422,00	258,00	133,00	47,00
2540,00 bis 2549,99	1127,00	630,00	426,00	261,00	135,00	48,00
2550,00 bis 2559,99	1134,00	635,00	430,00	264,00	137,00	49,00
2560,00 bis 2569,99	1141,00	640,00	434,00	267,00	139,00	50,00
2570,00 bis 2579,99	1148,00	645,00	438,00	270,00	141,00	51,00
2580,00 bis 2589,99	1155,00	650,00	442,00	273,00	143,00	52,00
2590,00 bis 2599,99	1162,00	655,00	446,00	276,00	145,00	53,00
2600,00 bis 2609,99	1169,00	660,00	450,00	279,00	147,00	54,00
2610,00 bis 2619,99	1176,00	665,00	454,00	282,00	149,00	55,00
2620,00 bis 2629,99	1183,00	670,00	458,00	285,00	151,00	56,00
2630,00 bis 2639,99	1190,00	675,00	462,00	288,00	153,00	57,00
2640,00 bis 2649,99	1197,00	680,00	466,00	291,00	155,00	58,00
2650,00 bis 2659,99	1204,00	685,00	470,00	294,00	157,00	59,00
2660,00 bis 2669,99	1211,00	690,00	474,00	297,00	159,00	60,00
2670,00 bis 2679,99	1218,00	695,00	478,00	300,00	161,00	61,00
2680,00 bis 2689,99	1225,00	700,00	482,00	303,00	163,00	62,00
2690,00 bis 2699,99	1232,00	705,00	486,00	306,00	165,00	63,00
2700,00 bis 2709,99	1239,00	710,00	490,00	309,00	167,00	64,00
2710,00 bis 2719,99	1246,00	715,00	494,00	312,00	169,00	65,00
2720,00 bis 2729,99	1253,00	720,00	498,00	315,00	171,00	66,00
2730,00 bis 2739,99	1260,00	725,00	502,00	318,00	173,00	67,00
2740,00 bis 2749,99	1267,00	730,00	506,00	321,00	175,00	68,00
2750,00 bis 2759,99	1274,00	735,00	510,00	324,00	177,00	69,00
2760,00 bis 2769,99	1281,00	740,00	514,00	327,00	179,00	70,00
2770,00 bis 2779,99	1288,00	745,00	518,00	330,00	181,00	71,00
2780,00 bis 2789,99	1295,00	750,00	522,00	333,00	183,00	72,00
2790,00 bis 2799,99	1302,00	755,00	526,00	336,00	185,00	73,00
2800,00 bis 2809,99	1309,00	760,00	530,00	339,00	187,00	74,00
2810,00 bis 2819,99	1316,00	765,00	534,00	342,00	189,00	75,00
2820,00 bis 2829,99	1323,00	770,00	538,00	345,00	191,00	76,00
2830,00 bis 2839,99	1330,00	775,00	542,00	348,00	193,00	77,00
2840,00 bis 2849,99	1337,00	780,00	546,00	351,00	195,00	78,00
2850,00 bis 2851,00	1344,00	785,00	550,00	354,00	197,00	79,00
Der Mehrbetrag ab 2851,00 EUR ist voll pfändbar.						

IX

Abkürzungen

Abs.	Absatz
AG	Aktiengesellschaft
AO	Abgabenordnung
ARGE	Arbeitsgemeinschaft nach dem SGB II
BEEG	Bundeselterngeld- und Elternzeitgesetz
BGB	Bürgerliches Gesetzbuch
BGH	Bundesgerichtshof
EStG	Einkommensteuergesetz
etc.	et cetera
GbR	Gesellschaft bürgerlichen Rechts
ggf.	gegebenenfalls
GKG	Gerichtskostengesetz
GmbH	Gesellschaft mit beschränkter Haftung
i. H. v.	in Höhe von
InsO	Insolvenzordnung
InsVV	Insolvenzrechtliche Vergütungsverordnung
KG	Kommanditgesellschaft
LG	Landgericht
NJW	Neue Juristische Wochenschrift
OHG	Offene Handelsgesellschaft
SGB	Sozialgesetzbuch
StGB	Strafgesetzbuch
vgl.	vergleiche
z. B.	zum Beispiel
ZPO	Zivilprozessordnung

X

Stichwortverzeichnis

X

X

Stichwortverzeichnis

X

Kurzkommentare
Sozialgesetzbuch SGB I bis SGB XII

Aktuell – verständlich – preiswert

SGB I
Allgemeiner Teil des
Sozialgesetzbuches
ISBN 978-3-8029-7496-0

SGB II
Grundsicherung für
Arbeitsuchende
ISBN 978-3-8029-7481-6

SGB III
Das neue Arbeitsförderungsrecht
ISBN 978-3-8029-7475-5

SGB IV
Allgemeine Vorschriften
für die Sozialversicherung
ISBN 978-3-8029-7498-4

SGB V
Gesetzliche Krankenversicherung
ISBN 978-3-8029-7491-5

SGB VI
Gesetzliche Rentenversicherung
ISBN 978-3-8029-7492-2

SGB VII
Gesetzliche Unfallversicherung
ISBN 978-3-8029-7494-6

SGB VIII
Kinder- und Jugendhilfe
ISBN 978-3-8029-7495-3

SGB IX
Rehabilitation und Teilhabe
behinderter Menschen
ISBN 978-3-8029-7466-3

SGB X
Verwaltungsverfahren
und Datenschutz in der
Sozialversicherung
ISBN 978-3-8029-7497-7

SGB XI
Soziale Pflegeversicherung
ISBN 978-3-8029-7493-9

SGB XII
Die neue Sozialhilfe
ISBN 978-3-8029-7482-3

Erhältlich in Ihrer Buchhandlung oder direkt bei

WALHALLA Fachverlag
Haus an der Eisernen Brücke
93042 Regensburg
Tel. 0941 / 56 84-0
E-Mail: WALHALLA@WALHALLA.de
Internet: www.WALHALLA.de